SUR LES TRACES DE
JEAN-LOUIS ÉTIENNE

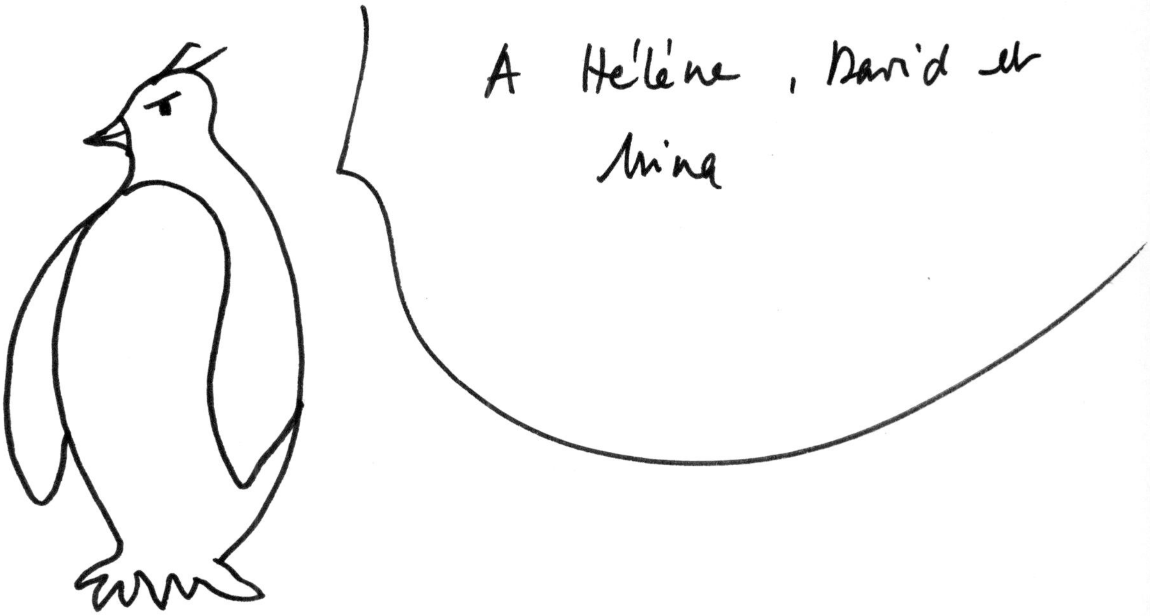

A Paris le 8 octobre 2009

Elsa Peiry Etienne.

À Elliot et Ulysse, pour qui tout ne fait que commencer…

ELSA PÉNY-ÉTIENNE
DESSINE ET RACONTE

SUR LES TRACES DE
JEAN-LOUIS ÉTIENNE

chêne

SOMMAIRE

Ce livre, destiné aux enfants, aurait pu commencer ainsi : « Il était une fois un jeune garçon qui rêvait d'expéditions lointaines. Né dans un village de campagne entouré de verts pâturages, rien ne le prédisposait, en apparence, à vouloir partir à la découverte du monde. Et pourtant... ». Mais l'auteur, Elsa Pény-Étienne, a fait le choix de conter ma vie à travers une enquête très originale sur les traces de mes expéditions.

C'est l'histoire de mes deux fils, Elliot et Ulysse qui, partis à ma rencontre, vont se perdre dans le Grand Nord. Ils seront recueillis dans un village inuit où ils se lieront d'amitiés avec Anyu, une petite fille de leur âge. Pour les aider à me retrouver, elle les conduira chez son grand-père, le chaman du village. Ce personnage charismatique invoquera avec eux l'esprit des animaux que j'ai croisés sur ma route et les guidera sur le chemin de toutes mes aventures... Jusqu'à ce qu'ils me retrouvent enfin.

Ce livre est un récit passionnant, dans un langage enjoué et accessible, où l'auteur nous fait découvrir la nature, les mœurs des animaux, la géographie, la vie dans les régions polaires, l'atoll de Clipperton et... les aléas de l'aventure.

Je retrouve dans cet ouvrage la magie du lien fort avec la nature que j'ai vécu en m'engageant dans les contrées les plus isolées de la Terre. Ce livre devrait donner aux enfants l'envie d'aller à la découverte du monde.

Jean-Louis Étienne

LES 7 PERSONNAGES

JEAN-LOUIS ÉTIENNE

Médecin et explorateur français, Jean-Louis Étienne se fait connaître en 1986 comme le premier homme à atteindre le pôle Nord en solitaire.

En réalité, à cette date, il avait déjà de nombreuses aventures à son actif : par exemple, la course autour du monde à la voile avec le navigateur Éric Tabarly ou l'ascension du plus haut sommet du monde, l'Everest. Il a conçu et fait construire un bateau spécial pour aller dans les glaces, l'*Antarctica*, avec lequel il a réalisé de nombreuses missions polaires. Toutes ses expéditions ont un volet scientifique : il part faire des découvertes ; et un volet éducatif : des enfants de tous les coins de France ont suivi ses aventures dans le cadre de leur programme scolaire. Dernièrement, il est parti recenser les animaux sur une île déserte et il a fait construire un gros dirigeable pour survoler le pôle Nord. Il est le papa de deux diablotins : Elliot et Ulysse.

LES PERSONNAGES

ELLIOT

Elliot, douze ans, est le fils aîné de Jean-Louis Étienne. Il est rêveur, terriblement intelligent et adore les sciences. Avec son petit frère, Ulysse, il s'envole clandestinement pour rejoindre leur père dans le Grand Nord canadien... et rate le départ de l'expédition. Commence alors un voyage quasi initiatique sur les traces de l'explorateur. Contre toute attente, il développe une vraie tendresse pour la petite Anyu.

ULYSSE

Ulysse, le petit frère coquin d'Elliot, est blagueur, malin et adore faire la cuisine. Il comprend les théories scientifiques de son frère, mais à sa manière, plus intuitivement. Il est très réceptif à la spiritualité du chaman, ce qui ne l'empêche pas de faire les quatre-cents coups avec Cicuq.

ANYU

Son nom signifie « neige utile » en inuit. Anyu est une fillette de l'âge d'Elliot, Québécoise par son père et Inuit par sa mère. Elle rencontre Elliot et Ulysse par hasard à Resolut Bay. Elle va les aider à retrouver leur papa explorateur grâce à son grand-père chaman. Elle est curieuse de tout et s'attache à Elliot.

ASIAVIK

Son nom signifie « jeune myrtille » en inuit. Asiavik est la grande sœur d'Anyu, posée et réfléchie. Sa douceur et son bon sens sont appréciables dans nombre de situations.

CICUQ

Son nom signifie « glace » en inuit. Petit frère d'Anyu et grand copain d'Ulysse, il est toujours partant pour l'aventure et jamais en reste pour une bonne partie de rigolade.

QILAQ

Son nom signifie « paradis » en inuit. Qilaq est le grand-père des trois enfants inuits. Chaman de son état, il est tantôt sage, tantôt espiègle. Afin de retrouver la trace de Jean-Louis Étienne, il choisit d'invoquer l'esprit des animaux que l'explorateur a croisés pendant ses diverses expéditions.

CHAPITRE I

SEULS DANS LE GRAND NORD CANADIEN !

Où l'on fait la connaissance de deux jeunes intrépides,
où leur étourderie les met en fâcheuse posture,
et où ils sont sauvés par une charmante Inuit.

On annonce une tempête sur Resolut Bay, lorsque Jean-Louis Étienne et son équipe débarquent sur le tarmac du petit aéroport du bout du monde. Ils le trouvent anormalement plein : c'est la quatrième Année polaire internationale ! Scientifiques « de tout poil » se sont donnés rendez-vous pour étudier les régions polaires.

Pour l'heure, Ghislain et Samuel, deux jeunes logisticiens de l'équipe de Jean-Louis Étienne, se sont mis à l'écart. Ils testent les différents appareils de mesure qui deviendront indispensables au pôle Nord.

Lorsque tout à coup :

– Ulysse ! Mais baisse la tête !

– Aïe ! lâche-moi, Elliot… Ça fait dix minutes qu'ils sont tous partis, comment veux-tu qu'ils me voient ?

– On a promis à Ghislain de rester cachés jusqu'à ce qu'il vienne nous chercher, insiste Elliot.

– Oh ! ce vent me rend fou ! Je commence à avoir froid.

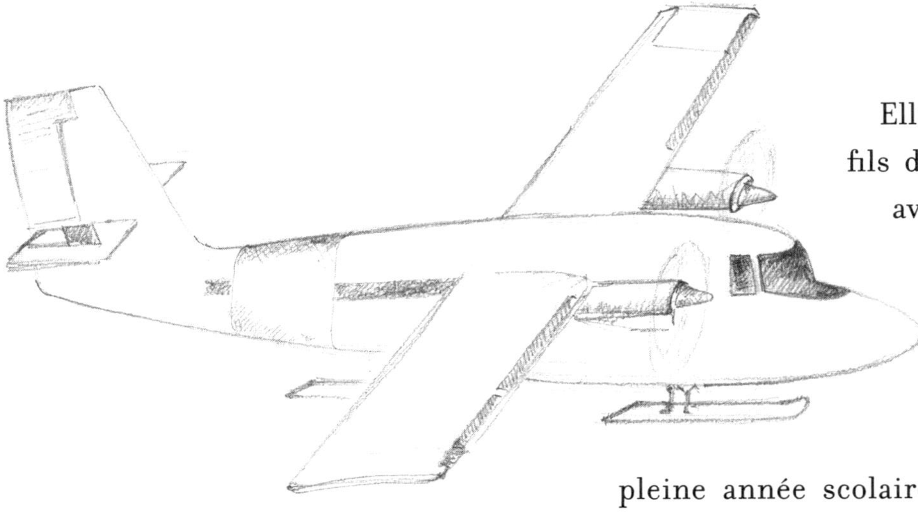

Elliot et Ulysse, les deux fils de Jean-Louis Étienne, avaient fait des pieds et des mains pour accompagner l'expédition, mais sans convaincre leur père de les emmener en pleine année scolaire. « De plus, avait-il ajouté, le pôle Nord est une région du globe extrêmement hostile, pas un terrain de jeu ! » « C'est ce qu'on va voir ! » s'étaient dit les deux frères…

Et ils ont relevé le défi ! Avec l'aide de Samuel, Ghislain, et la complicité de leur maman, ils ont pris le même avion que le reste de l'équipe. Ça n'a pas été une mince affaire que de les faire passer aux postes de douane : Samuel a dû faire preuve de malice. Pour tout dire, la présence du père dans l'avion a été fort utile… même sans son consentement !

– C'est le moment d'aller chercher les petits, décide Ghislain. Ils seraient bien capables de s'embarquer dans des aventures sans nous demander notre avis !

– Ça m'étonnerait, répond Samuel. Regarde-les qui se battent derrière le talus de glace !

Hilares, ils rejoignirent Elliot et Ulysse, qui ne se cachaient plus du tout, tant leur bagarre les accaparait. Bien qu'Elliot, avec ses douze ans, soit le grand frère, Ulysse fait quasiment le même poids et sait parfaitement se défendre.

– Hé les garçons ! Il est temps de se mettre à l'abri, dit Ghislain, nous partons demain à midi en Twin Otter, vers le pôle Nord magnétique. Nous serons à sept cents kilomètres du pôle Nord géographique…

– Ouahou ! s'exclament en chœur les deux frères.

– Mais c'est quoi un Twin Otter ? s'informe Ulysse.

Samuel explique :

– L'avion qui va nous transporter avec tout le matériel.

– Mais il n'y a pas de piste d'atterrissage au pôle Nord ? ! dit Ulysse. Le pôle Nord est au milieu d'un océan gelé, tu te fiches de nous !

– Tu as raison, dit Ghislain, je te propose de continuer cette conversation autour d'un bon chocolat chaud.

Bien que le jour soit permanent à cette période de l'année, le ciel s'est dangereusement obscurci, et des rafales de vent glacial balaient l'île de part en part.

Arrivés dans la pension de famille, où loge toute l'équipe, les températures très basses, ajoutées au voyage, ont raison de la vivacité des deux aventuriers en herbe. L'envie d'une bonne douche chaude a remplacé les questionnements... D'autant que Jean-Louis Étienne est entré : il allait falloir jouer serré pour ne jamais croiser son chemin !

Et le lendemain, sur le lieu du rendez-vous...

– Je ne comprends pas ! s'impatiente Elliot. On devait bien se retrouver à douze heures aujourd'hui ? Ulysse ! Tu m'écoutes au lieu de faire un bonhomme de neige ?

– Douze heures... répète Ulysse tranquillement. Midi ou minuit ?

Elliot se jette sur lui. Ulysse lui échappe et, tout en courant, poursuit ses explications :

– Tu es marrant ! Depuis

que nous sommes arrivés, tu dors n'importe quand. Entre le décalage horaire et ce soleil permanent, il y a de quoi être perturbés…

Les deux garçons ralentissent.

– Ta montre marque bien douze heures… Mais je ne suis pas si sûr qu'il soit midi, conclut le cadet. Or, nous devions retrouver l'équipe à midi !

– Bougre de saucisse d'ours, mais tu as raison ! s'exclame l'aîné.

Soudain, ils entendent rire derrière eux. Se retournant, ils découvrent une fillette de l'âge d'Elliot.

– Pourquoi ris-tu ? lui demande le garçon.

– Je pense qu'elle ne te comprend pas, intervient son frère.

– Mais si ! corrige la fillette. Ma grand-mère est québécoise, elle parle français… pas avec le même accent que vous, c'est sûr !

Et son fou rire la reprend !

Elliot et Ulysse se regardent, tout penauds.

– Peux-tu nous dire l'heure, s'il te plaît ?

– Il est très tard. Je reviens d'une veillée chez mon grand-père, un vieux chaman. Sinon je ne serais jamais passée par là…

– Il me semblait bien ! murmure Ulysse.

– Nous sommes les fils de Jean-Louis Étienne, explique Elliot. Nous devions retrouver notre père et son équipe à midi, mais il semblerait que nous nous soyons un peu trompés…

Il se tourne vers son frère et ajoute :

– Je comprends mainte-

nant pourquoi ils semblaient surpris, tout à l'heure, à l'hôtel, de nous voir partir !

– Je m'appelle Anyu, annonce la fillette en s'avançant vers Elliot. Notre maison est assez spacieuse. Je vis avec ma mère, ma sœur et mon frère, et je suis sûre qu'ils ne verront aucun inconvénient à ce que vous veniez vous réfugier chez nous… Si ça vous arrange, bien sûr ! conclut-elle en rougissant.

– Mais avec grand plaisir…, commence Elliot.

– À vrai dire, nous n'avons pas le choix ! l'interrompt Ulysse en ramassant son sac. On te suit. Lui, c'est Elliot, continua-t-il en le bousculant, et moi, c'est Ulysse.

Anyu semble glisser à travers les blocs de glace tant elle est gracieuse. Sur le chemin, les garçons lui expliquent, en se coupant la parole sans cesse, qu'ils ne savent absolument pas comment retrouver leur père et son équipe. Anyu reste silencieuse jusqu'à ce qu'ils arrivent devant une maison traditionnelle, faite de pierre et de tourbe.

– Nous y sommes ! annonce-t-elle. Ne faites pas de bruit, ma mère doit dormir. Cette nuit vous dormirez dans la chambre de mes cousins.

– Ouahou, des peaux de renne ! s'écrie Ulysse, radieux.

– Merci, Anyu, sans toi…

Le cadet achève la phrase de l'aîné :

– Nous aurions dû dormir à la belle étoile ! Quand on pense qu'il fait - 30 °C depuis plusieurs jours, j'en frissonne…

Anyu les regarde, les yeux brillants.

– Si vous êtes prêts à croire en notre magie, je pense que je peux vous

aider, leur dit-elle avant de quitter la pièce.

Elliot et Ulysse, interloqués, restent un moment à regarder la porte, comme s'ils craignaient que les prédictions ne commencent, là, tout de suite.

Pas la peine d'attendre que le soleil se couche pour aller dormir ! Les deux frères, pelotonnés sous leurs peaux de bêtes, ne mettent pas beaucoup de temps à ronfler à qui mieux mieux.

La température de la chambre ne dépasse pas 2 °C quand Ulysse ouvre un œil le lendemain matin. Difficile de deviner l'heure : le jour est encore et toujours là. Mais pour la première fois depuis de nombreuses semaines, le soleil resplendit dans le ciel.

Frigorifié, le garçon se lève, sa peau de renne sur les épaules. Il va chercher sa montre munie d'un cadran de vingt-quatre heures, une copie de celle que son père s'était fait faire pour sa traversée du pôle Nord en 1986. Elle a, entre autres, l'avantage de lui éviter toute confusion d'heure, entre midi et minuit par exemple… Encore faut-il qu'il la trouve dans tout ce fatras !

– Quelle plaie, ces sacs fourre-tout ! maugrée-t-il.

– Bonjour Ulysse ! le salue Anyu. Que veux-tu pour ton petit déjeuner ?

– Ne me dis pas que j'ai le choix entre de la viande crue de phoque ou de baleine !

L'énorme éclat de rire d'Anyu réveille Elliot.

– Moi je vote pour la baleine ! décrète-t-il, encore tout ensommeillé.

– Au risque de vous décevoir, répond Anyu, je vous propose des œufs au bacon ou du beurre de cacahuète sur des toasts grillés...

– N'en dis pas plus ! coupe Ulysse, la babine en folie.

Tous trois descendent dans la cuisine où les attendent Akna, la maman d'Anyu, Asiavik la grande sœur et Cicuq le petit frère.

Les présentations faites et le petit déjeuner bien entamé, Anyu entretient les garçons sur le plan qu'elle et sa sœur ont mis sur pied pour retrouver la trace de Jean-Louis Étienne.

– Notre grand-père est le chaman inuit du village...

– Oh ! réagit Elliot, c'est une charmante idée de faire des incantations avec des herbes pour faire revenir notre petit papa ! Mais je doute...

Ulysse lui enfonce son coude dans les côtes.

– Ne fais pas attention, dit-il à Anyu. Elliot est cartésien, tu vois ?

Preuves scientifiques, tout ça...

– Mais pas du tout ! J'adore la sorcellerie ! intervient Elliot en feignant la surexcitation.

Anyu et sa grande sœur se regardent, l'air ravi. Elles arrêtent Ulysse dans ses tentatives d'excuses ou d'explications.

– Et bien, je vois que nous nous comprenons parfaitement, Elliot, dit Asiavik en le regardant tendrement. Tu es prêt pour une invocation des esprits !

Ulysse, hilare, s'écrie :
– Quelle bonne idée ! Quand commençons-nous ?
– Que pensez-vous de tout de suite après le petit déjeuner ?

La suite des événements laisse Elliot abasourdi. Il participa à la préparation de la petite escapade chez le grand-père chaman, sur un petit nuage.

Les enfants chargent un traîneau de peaux de renne et de nourriture pour passer la journée non loin du hameau de pierre et de tourbe. Ulysse ne se lasse pas de tous les détails que lui donnent Anyu et Asiavik sur la façon dont va se dérouler la petite cérémonie :

– Récapitulons, si je comprends bien, votre grand-père...

– Qilaq.

– Quoi, Qilaq ?

– C'est son nom. Lorsque tu t'adresseras à lui, tu...

– D'accord, d'accord, abrège Ulysse, fébrile. Qilaq invoquera l'âme de tous les animaux qui ont croisé la route de notre père depuis sa toute première venue sur la terre des ours ?

– C'est un passage obligé, explique Asiavik. Qilaq doit s'imprégner de l'âme de cet aventurier avant de pouvoir le localiser aujourd'hui.

– Mais tu n'auras pas besoin d'avaler toutes sortes de substances bizarres pour les voir apparaître ! le rassure Anyu.

– A-t-on une idée du nombre d'animaux qu'il faudra interroger ? continue Ulysse. Combien de jours faudra-t-il pour parvenir...

– Nous arrivons. Tu vas avoir une réponse à toutes tes questions ! annonce Anyu avec douceur.

En effet, les enfants arrivent à la hauteur d'un igloo, tout ce qu'il y a de plus traditionnel. C'est le moment que choisit le petit Cicuq pour glisser sa main dans celle d'Elliot, le sortant de sa longue rêverie silencieuse. Un peu intimidé, Ulysse accepte de suspendre, provisoirement, ses questions.

– Il faut se baisser pour passer dans le petit tunnel, recommande Asiavik. C'est une sorte de sas qui mène à l'entrée de l'igloo, elle-même protégée par une peau de phoque.

– Je me sens tout excité ! lance Ulysse.

– On s'en serait douté, mon vieux, chuchote Elliot.

CHAPITRE II

LE PÔLE NORD EN SOLITAIRE

Où l'esprit d'un ours invoqué par un chaman entraîne nos amis dans une expédition folle, et où nous apprenons les rituels de survie dans les régions polaires.

Derrière la paroi que forme la dernière peau de phoque monte un chant sourd et répétitif. Chose étonnante, il ne fait pas si sombre, lorsque la petite troupe pénètre à l'intérieur du dôme central de l'igloo. Sans déranger le chaman, Anyu et Asiavik installent des peaux de renne autour de lui. Les yeux fermés, il se balance imperceptiblement d'avant en arrière. Lorsque chacun a trouvé sa place, Cicuq interpelle son grand-père dans leur langue. Ulysse et Elliot n'en comprennent pas un mot. Pourtant, au regard que le chaman fixe sur eux, ils devinent ce que le garçon lui explique. Elliot frémit, malgré la douceur de l'air dans l'igloo : il fait 0 °C, alors qu'à l'extérieur un bon - 15 °C leur a chatouillé les oreilles tout au long du trajet.

– Qilaq va commencer ! Il vous demande de fermer les yeux.

Ce que les deux frères s'empressent de faire. Le chaman se met à parler très vite et tout bas. Il semble à Ulysse que certains mots reviennent à intervalles réguliers. Une douce chaleur envahit ses joues.

– Ça y est, vous pouvez ouvrir les yeux, leur chuchote Anyu.

La stupéfaction laisse les garçons muets. Mais ils ne rêvent pas : un ours blanc flotte bel et bien au-dessus de leurs têtes. Une voix caverneuse sort des babines noires de l'énorme bête :

– Qilaq ! rugit-il. Tu as invoqué mon esprit, es-tu fou ?

– Allez, vieille baderne, ne te fais pas prier ! réplique le chaman. Ces enfants ont perdu leur père. Or, d'après leurs dires, tu l'as forcément croisé.

– Comment veux-tu que j'aie le moindre rapport avec un homme à la peau couleur d'iceberg ?

– Ne chipote pas ! C'est bien toi qui pestais sur notre peuple ! et qui nous montrais en exemple des hommes venus de loin, capables de prouesses fabuleuses !

L'argument fait ronchonner l'ours.

– Fais au moins l'effort de t'imprégner de ces jeunes garçons ! insiste-t-il.

Qilaq garde les yeux fermés, mais son visage exprime la bienveillance et la satisfaction. L'apparition devient plus intense, tandis que l'ours se rappelle ses souvenirs. Il reprend de sa voix caverneuse :

– Eh bien... en effet... j'ai rencontré leur père... C'est même une vielle connaissance... J'étais un jeune ours fougueux. Je m'étais approché de Resolut Bay pour chercher de la nourriture. Je me prélassais dans la neige poudreuse fraîchement tombée de la veille, lorsqu'il est apparu, tout habillé de rouge, tirant un traîneau derrière lui... On le repérait de loin ! J'ai bien rigolé avant de comprendre qu'il voulait justement qu'on le voie.

Sa charge devait être d'environ cent kilos, autant te dire, bien plus lourde que lui ! Je me demandais où il comptait aller.

Il y avait eu beaucoup de vent, d'où des crêtes de compression très denses de ce côté de la côte…

– Qu'est-ce que c'est, une crête de compression ? se renseigne Ulysse.

– Ce sont deux plaques de banquise qui rentrent en collision et qui, en se chevauchant, font des murailles chaotiques de glace, je ne te fais pas un dessin sur la difficulté de les surmonter avec des skis et un traîneau !

– D'autant que le terrain était accidenté ainsi sur des kilomètres… J'ai compris à son regard qu'il ne tiendrait pas le coup très longtemps… Par curiosité, je l'ai suivi. Une nuit où il a fait particulièrement froid, - 52 °C à l'abri, j'ai cru qu'il allait y rester. Et puis non, il était résistant, le bougre. Son traîneau semblait chaque jour plus lourd…

– Il nous l'a raconté, intervient Elliot. Il était mal équipé : son duvet gardait l'humidité de son corps. Au bout de quelques jours, c'était devenu une éponge chargée d'eau, qui se transformait en bloc de glace la journée lorsqu'il l'éloignait de sa chaleur.

– Hum ! Intéressant petit… Puis il s'est blessé à l'épaule, reprend l'ours. Il a dû arrêter l'aventure… Du moins, c'est ce que je croyais !

L'ours fait une pause pour ménager son effet, puis reprend :

– Mais devinez qui je vois, un an, jour pour jour, après sa première tentative ?

– Comme quoi l'homme blanc peut être persévérant, dit le chaman.

– Pour celui-là, tu l'as dit ! Quelques petites choses avaient changé cependant, comme son traîneau…

– Son duvet aussi ! renchérit Ulysse. Cette fois-ci, il avait pris un « sur sac » qui emprisonnait l'humidité.

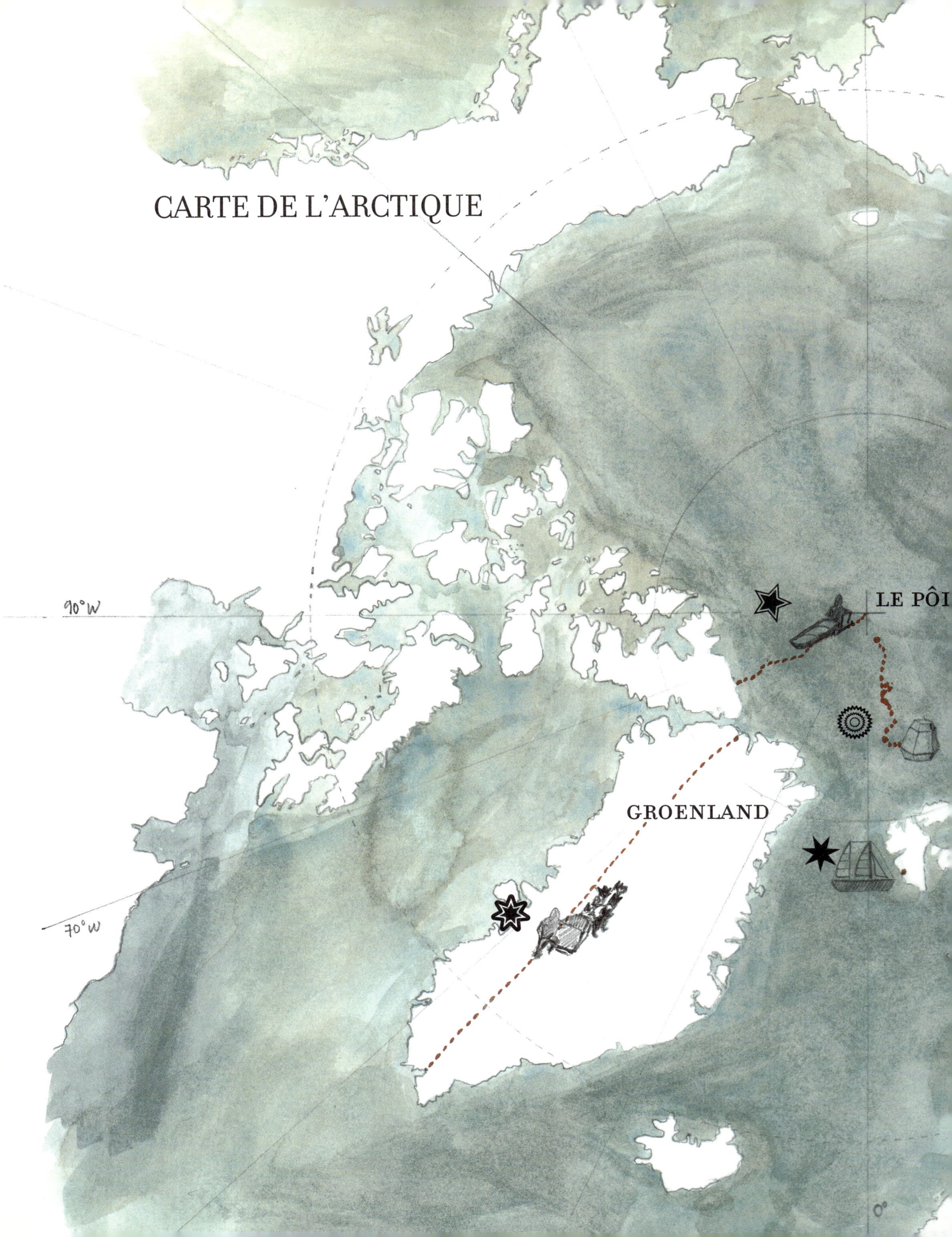
CARTE DE L'ARCTIQUE
90°W
LE PÔI
GROENLAND
70°W
0°

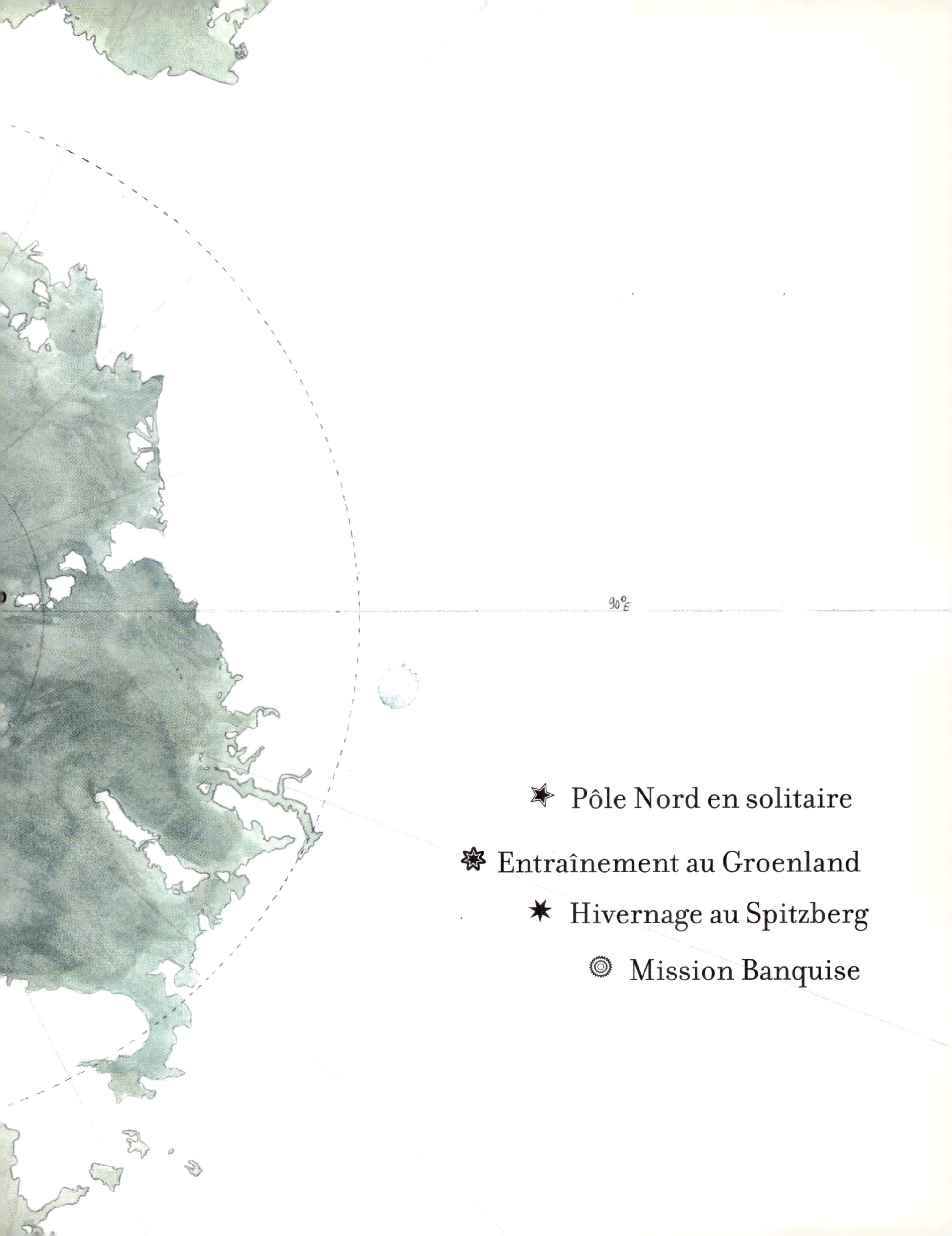
90°E
Pôle Nord en solitaire
Entraînement au Groenland
Hivernage au Spitzberg
Mission Banquise

En sortant le sac de la tente, il s'aperçut qu'elle gelait. Il ne lui restait plus qu'à la brosser pour éliminer la glace !

– Ah ! fait l'ours. C'était donc ça, ce nouveau rituel du matin ! Mais je ne parlais pas seulement du matériel. Une détermination nouvelle se lisait sur son visage. Il était serein. Je ne comprenais pourtant toujours pas où il souhaitait se rendre… Il semblait se fier à quelque chose autour de son poignet…

– Une boussole, bien sûr ! tranche Anyu.

– Non pas du tout ! chuchote Elliot, qui ne souhaite pas la mettre dans l'embarras. Il avait une montre spéciale…

Puis, à haute voix, il annonce :

– Le cadran de sa montre spéciale !

– Celle que tu recherchais ce matin ? demande Anyu à Ulysse.

– Exactement ! confirme le garçon en la sortant de sa poche. Son cadran comporte non pas douze heures, mais vingt-quatre heures.

Cicuq le bouscule pour mieux voir.

– Pourquoi il n'avait pas pris de boussole ? s'étonne-t-il.

– Ce qui attire l'aiguille de la boussole, c'est le pôle Nord magnétique. Or, notre père visait le pôle Nord géographique.

– Mais comment ça marche exactement ?

– Tu dois te servir du soleil… En fonction de l'heure, tu vas avoir le soleil face à toi, sur ta gauche, derrière toi ou sur ta droite. La nuit, bien sûr, ça ne marche pas. Avec l'habitude, tu peux deviner un vague halo à la place du soleil. Par temps de blizzard, tu ne vois pas le soleil… Mais on va dire que ces jours-là, de toute façon, il n'est pas question d'avancer dans ce désert déjà bien hostile !

– Bon les enfants, on peut reprendre ? les interrompt l'esprit de l'ours.

– Mais, tu y prends goût à ton rôle de conteur, le taquine Qilaq.

Sans prêter attention à cette dernière raillerie, l'ours continue son récit :

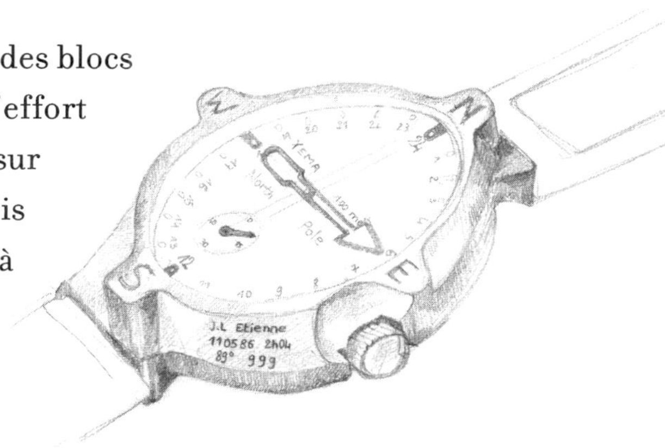

– Bien sûr, cette fois encore, le passage des blocs de glace était extrêmement pénible. L'effort et l'épuisement se lisaient chaque soir sur le visage de l'explorateur. Un rituel précis rythmait les journées... Réveillé le matin à six heures, il faisait réchauffer l'eau de sa bouillotte, désormais froide, mais encore liquide. Il se préparait un gros bol de céréales, où il ajoutait des fruits secs, du lait en poudre et du beurre.

– Beurk !

– C'est qu'il lui en fallait, de l'énergie, à ce petit homme sec et infatigable ! Il ne s'arrêtait pas le midi pour une entrecôte garnie ! Il se préparait à marcher sans interruption jusqu'à seize heures ! Après le petit déjeuner, il entamait le rangement de son matériel, méticuleusement, toujours dans le même ordre. Il faut dire que dans ce désert glacé, sa survie tenait à ses objets de première nécessité : son réchaud, son duvet, son briquet... La longue marche pouvait commencer. Parfois, lorsqu'une crête de compression restait infranchissable, il devait faire de longs détours, toujours éprouvants, je le voyais bien dans ses yeux rougis par le vent... Mais était-ce le vent ? Invariablement, au bout de huit heures, il s'arrêtait. Un autre rituel bien rodé commençait alors : le montage de la tente, bien sûr, puis le goûter...

– À ce propos, susurre Elliot à l'oreille d'Anyu, ne pourrions-nous pas envisager de grignoter un petit quelque chose ?

Un pique-nique des plus festifs s'organise. Tandis que l'ours continue son récit, demandant de temps en temps des éclaircissements aux deux frères :

– Qu'est-ce que c'est que cette poudre qu'il mangeait ?

– De la nourriture lyophilisée, répond Elliot. C'est un peu comme si

on desséchait un plat cuisiné. Mais ici, grâce à un procédé ingénieux, on retire toute l'eau des aliments, ce qui a deux avantages…

– La conservation, et bien sûr le poids ! renchérit Ulysse pour ne pas être en reste.

– La traversée de la banquise offrant de l'eau en permanence, notre père pouvait reconstituer ses plats chaque jour, conclut Elliot.

– Dis-moi, bonhomme, lui lance l'ours, toi qui as l'air d'en connaître un rayon, explique-moi pourquoi la banquise, qui se forme à partir d'eau de mer, donc salée, est-elle douce ? La jeune glace juste formée garde ce goût salé inimitable, ajoute le plantigrade en connaisseur. Puis au bout d'un certain temps, le sel semble disparaître… Par quelle magie ?

L'ours ne cache pas qu'il défit Elliot. Il espère cependant obtenir une réponse à un vieux mystère qui le travaille depuis de longues années.

– Il y a plusieurs phases dans le gel de l'eau de mer, commence le garçon. Tout d'abord, elle ne gèle pas à 0 °C comme l'eau douce mais à - 1, 9 °C. Il se forme alors du frasil… Des cristaux de glace, si vous préférez ! À ce stade, l'eau devient comme visqueuse. En fait, seule l'eau gèle. La présence de sel ralentit le processus de changement d'état. Puis, par gravitation, le sel descend, laissant en surface une glace faite d'eau douce.

Ravi de cette explication, l'ours reprend :

– Après une petite sieste, notre homme – je pense qu'il était dément ! – s'acharnait sur une machine qui ne semblait pas lui donner entière satisfaction. Il hurlait dedans et, pour toute réponse, il obtenait des crachotements !

– Si je puis me permettre, vieux, il te manque un épisode, intervient Ulysse complètement ragaillardi par le petit encas.

– J'espérais bien que tu allais éclairer ma lanterne mon ami, dit l'ours, feignant de s'offusquer de la familiarité d'Ulysse.

– Il s'agit d'un système Inmarsat. Il lui permettait, grâce à des satellites, de communiquer avec l'homme qui s'occupait de son camp de base.

– Commençons par le commencement ! décrète Elliot avec son sérieux coutumier. Pour savoir quelle était sa position par rapport au pôle Nord, il déclenchait chaque soir sa balise Argos. Il s'agit d'une machine émettrice d'un signal. Celui-ci est récupéré via un satellite par le Centre national d'études spatiales à Toulouse, en France, permettant de localiser le marcheur. Mais cette machine ne lui donnait pas directement la précieuse information. Il devait entrer en contact avec son acolyte, Franco, pour connaître son positionnement de la veille.

– Épatant ! s'exclame l'ours. Je me demandais aussi comment il pouvait savoir à quel moment son périple allait prendre fin !

– Si je ne m'abuse, il marchait contre la dérive de la banquise ? intervint Qilaq.

Elliot confirme :

– Vers la fin de son parcours, il a raccourci son temps de repos. Car avec l'avancée de la saison… disons, tiède, cette dérive devenait si importante qu'il perdait, durant son sommeil, tout le chemin parcouru la veille !

– On peut dire qu'il aimait la difficulté, le bougre, commente l'ours. Mais poursuivons ! Une nuit, je l'entends s'agiter sous la tente. J'ai d'abord pensé qu'il faisait des cauchemars. Dans le fond, quoi de plus normal ? Il aurait par exemple pu rêver qu'il me rencontrait !

– En fait, il s'étouffait ! rectifie Elliot. La vapeur d'eau contenue dans sa respiration avait peu à peu comblé le petit espace prévu

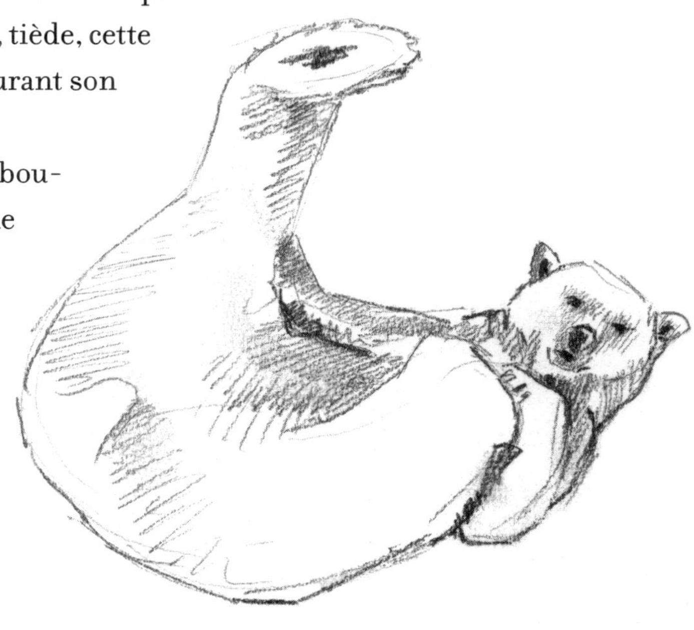

pour loger son nez. La glace avait coincé la fermeture. Je crois qu'il a eu très peur ce jour-là. Il a d'ailleurs dormi avec un briquet depuis.

– D'autres petits désagréments ont ponctué son voyage, enchaîne Ulysse. Après plusieurs nuits à - 52 °C sous la tente, ses ongles n'ont pas tardé à se fendre.

– C'est que tu appelles des petits désagréments ! persifle son frère.

– Alors, il prit l'habitude de se faire une bouillotte, continue imperturbablement Ulysse. Il la mettait, non pas à la méthode classique, à ses pieds, mais entre ses cuisses, là où toutes les grosses veines et artères passent. Ainsi, au matin, l'eau avait refroidi, évidemment, mais elle était prête à la consommation pour le petit déjeuner !

– Ingénieux ! fait le chaman.

– Très, approuve l'ours. Toujours est-il que, un soir, alors qu'il goûtait un repos bien mérité, il a entendu des glapissements. Sans doute a-t-il cru rencontrer une mère ourse et son petit… Mais, vous voyez les enfants, il ne s'est pas dégonflé ! Je l'ai vu surgir de sa tente en petite tenue et grimper comme un dératé la crête de compression derrière laquelle il avait monté sa tente. Et là, chose incroyable, il s'est mis à faire des grands signes… J'ai bien cru qu'il était devenu fou !

– Pas du tout ! dément Elliot. C'est le moment où il croise une autre expédition, des Américains avec des attelages de chiens. Le chef d'expédition s'appelait Will Steger.

– Ils se sont croisés au milieu de nulle part ! s'émerveille Cicuq. Incroyable !

– Tu l'as dit ! répond l'ours. Ils se sont donné rendez-vous pour le lendemain. Puis l'expédition est partie. Et notre petit homme sec et infatigable est rentré se coucher…

– Et pas les Américains ? s'étonne Asiavik.

– Ils avaient choisi de vivre à l'heure américaine, explique Elliot. Le pôle Nord est le lieu où tous les méridiens se rejoignent ; par ailleurs, il fait toujours jour à cette période de l'année et il n'y a personne pour t'imposer des règles de vie. Donc, tu peux choisir l'heure sur laquelle tu veux te caler.

– Et, aussi incroyable que cela puisse paraître, ils se sont retrouvés le lendemain ! complète l'ours. Grâce aux traces des chiens. Très vite, Steger a proposé à votre père de faire un jour une expédition en Antarctique... Ils ont fait un bout de chemin ensemble... Puis ils sont arrivés devant un passage délicat où la glace était bien trop fine pour supporter le poids des traîneaux de l'équipe américaine. Aussi, votre père a-t-il continué seul... Après cet événement, j'ai senti qu'au fil des jours quelque chose se passait en lui : la réalisation de son but l'apaisait. Pendant sa marche, il me priait de le laisser passer ; je ne sais pas s'il s'en rendait compte ! Contrairement aux autres hommes que je croise dans ces régions, lui avait choisi de ne pas avoir de carabine pour se défendre. Je ne pense pas qu'il m'ait vu. Mais il avait une conscience aiguë du danger que représentait une rencontre avec un ours. De là, autant que des conditions climatiques, dépendait son passage vers le pôle Nord. Car, à ce stade, j'avais compris ce dont il s'agissait : il caressait ce rêve fou d'être le premier à rallier le pôle Nord en solitaire.

– Nous, les Inuits, commente Qilaq, n'avions aucun intérêt à nous éloigner de la côte à ce point-là. Le pôle est au milieu d'un océan gelé. Donc d'un désert que, même toi, l'ours, tu ignores. Pour la simple et bonne raison qu'il n'y a pas de nourriture !

– Ne nous égarons pas, bougonne l'ours. Un jour, pourtant, j'ai bien cru qu'il allait y rester : depuis un certain temps, le bougre prenait une sacrée assurance. L'isolement, le froid, la solitude, l'effort répété... je ne sais ! Il n'était plus le même homme : il était comme ivre, inconscient du danger... Nous avancions dans la saison et, le soleil aidant, la banquise se fracturait. De plus en plus de zones d'eau libre se créaient et lui barraient le chemin. Par endroits, heureusement, elle regelait, mais parfois la glace était si fine qu'il valait mieux ne pas s'y aventurer ! Au lieu de les contourner, il semblait en jouer. Je le voyais glisser sur cette couche de mer gelée, encore souple, presque sirupeuse. Il faut admettre que cela lui faisait gagner un temps précieux, donc lui épargnait des efforts douloureux. Bref, ce qui devait arriver arriva...

Cinq petites bouches gercées s'ouvrent sur un « Quoi ? » implorant. L'ours, se régalant de son succès, fait un peu languir son public. Puis reprend :

– Une fois de plus, il avait décidé de traverser une de ces voies d'eau à peine regelée. J'ai bien senti que l'odeur de la mer était très forte, trop ! Mais tout semblait lui réussir, alors... Il s'est engagé doucement, comme un ange flottant sur une matière indéfinissable... Et puis le charme s'est rompu : la glace a craqué d'un coup sec. Une plaque a cédé sous son poids... Et il est passé à l'eau !

À la tension des mâchoires du chaman, on peut deviner que son impassibilité s'est évanouie. Le petit Cicuq se penche vers Elliot et lui chuchote :

– Qilaq voit ce que décrit l'esprit de l'ours, c'est pour cette raison qu'il garde les yeux fermés.

– C'était le pire qui puisse lui arriver, poursuit l'ours. À cette température, le corps se ralentit à une vitesse effrayante, les vêtements deviennent une armure de glace qui t'alourdit encore... Avec, en plus, ses skis aux pieds... Il n'y avait pas d'autre issue que la mort... Mais cet homme était protégé ! La

plaque de glace qui s'était rompue sous son poids continuait à le porter. Il s'enfonçait doucement, de façon irréelle, comme un magicien quitte la scène par une trappe invisible. Il a eu les bons réflexes : il s'est couché, a rampé dans l'eau glacée, répartissant ainsi le poids de son corps sur la plaque. Ce qui eut pour effet de ralentir sa descente vers le fond de l'océan glacial. Il s'est accroché de toutes ses forces à un bout de banquise plus solide et, avec l'énergie du désespoir, il s'est débattu comme un lion… Son corps semblait pris dans une matière gluante qui se rigidifiait lentement mais sûrement. Il s'est obstiné et a finalement réussi à se hisser sur la rive. Ses gestes étaient méthodiques, précis, animés par un instinct de survie phénoménal, animal je pourrais dire…

Cette boutade détend les enfants.

– Mais, ce n'était pas terminé ! Un bâton de ski était resté à l'eau… À force d'acrobaties périlleuses, il l'a repêché du bout de son autre bâton. Puis, il a rejoint son traîneau, monté sa tente et s'est changé.

L'ours fait une pause permettant aux enfants de souffler un peu. Puis il poursuit :

– Vous voyez les enfants, malgré cette frayeur, j'étais à présent sûr qu'il atteindrait le pôle Nord, quoi qu'il se passe… En effet, le lendemain, comme chaque jour, il a repris sa marche, humblement. Toute trace de griserie avait disparu. Bien sûr, il a encore essuyé des tempêtes, mais son esprit et sa volonté restaient maintenant parfaitement inoxydables. Un soir, lors de la communication quotidienne avec son camp de base, il comprit qu'il atteindrait le pôle Nord le lendemain… Mais, le lendemain, il n'avait aucun repère pour savoir à quel moment il rejoindrait la convergence de tous les méridiens. Pas de terre ni de drapeau pour prévenir… Et cette satanée glace toujours en mouvement ! Il se produisit alors un phénomène fabuleux : le vent soulevait une multitude de cristaux de glace, transpercés par le soleil, donnant ainsi la sensation de traverser cette zone tant convoitée comme un paradis scintillant… Un spectacle fabuleux ! Il a fait sa journée de marche jusqu'à épuisement. Et lorsque Franco lui donna sa position le jour suivant, il apprit qu'il avait passé le pôle Nord deux fois… Savez-vous pourquoi ?

Cicuq se lance :

– Parce que la dérive de la banquise était contre lui !

– Exactement ! La première fois, cela se passa pendant sa marche et la seconde, lors de son sommeil, la nuit qui suivit.

– Et comment est-il rentré ? s'inquiète Asiavik.

– C'est ce que je me suis demandé… Il ne sortait plus de sa tente. Le blizzard sévissait plus que jamais, comme pour lui rappeler qu'il n'était pas sorti d'affaire. J'ai cru d'ailleurs que, son but atteint, il avait l'intention de se laisser mourir. Il ne mangeait quasiment plus rien ! Puis il y a eu une accalmie. Il est sorti. Épuisé, il arpentait son territoire. Il avait l'air d'accomplir un dernier rituel. Mais lequel ? Soudain, j'ai entendu un bruit sourd de moteur. Les gestes ralentis par le manque de nourriture, il semblait délirer de joie. Des caisses sont tombées de cette machine volante qu'on apercevait à peine… Puis elle s'est éloignée. J'ai senti tout son désarroi… Il a crié comme un dément dans ce micro avec lequel il conversait chaque soir. Le bruit est revenu, et l'énorme appareil s'est posé. D'autres hommes sont descendus, ils se sont beaucoup serrés dans les bras. Notre homme riait en faisant le tour d'un drapeau qu'il avait planté, en disant qu'il faisait le tour de la Terre… Enfin, ils sont tous repartis…

L'apparition s'estompe, tandis que l'ours conclut :

– Je suis resté là, seul, pendant que sa présence se dispersait avec la fine poussière de glace. Il avait passé deux mois sur la banquise pour effectuer cette traversée de plus de huit cents kilomètres. Je ne pensais pas le revoir un jour… et pourtant…

Sur ces paroles, l'esprit de l'ours s'évanouit.

Elliot, les yeux rouges, tient, serrée dans sa moufle, la main d'Anyu. Ulysse aussi est touché, mais il prend les choses en main pour quitter le chaman et retrouver la maison d'Anyu où, semble-t-il, ils vont passer de nombreuses nuits.

– Eh bien, on n'est pas rentrés, chuchote-t-il à l'oreille de son aîné.

– Tu as raison, je crois qu'ils nous font le coup des *Mille et Une nuits* ! L'histoire d'une expédition chaque soir. Ça ne m'étonnerait pas que l'équipe nous retrouve avant que Qilaq n'ait pu localiser notre père !

– Ça serait dommage, non ? interroge malicieusement Ulysse. Comment s'appelle la jeune fille avec qui tu étais emmêlé à la fin de l'histoire, déjà ?

Rouge jusqu'aux oreilles, Elliot s'emmitoufle dans sa peau de renne sans daigner répondre.

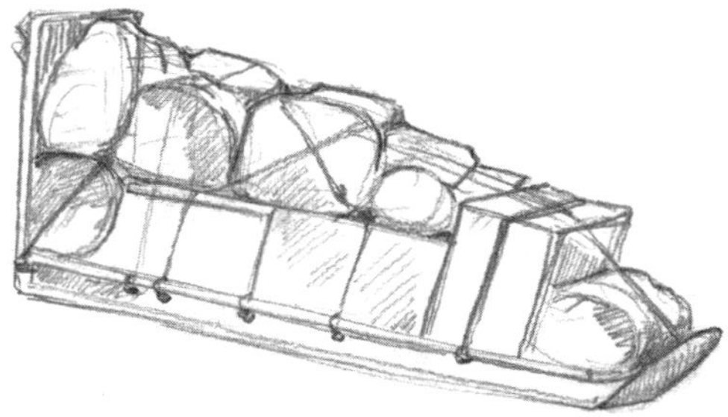

CHAPITRE III

DRÔLE D'ENTRAÎNEMENT AU GROENLAND

Où une chienne de traîneau, intarissable, fait son apparition, et où l'on suit, avec elle, six mordus des pôles venant des quatre coins du monde.

– OH ! NON !

Elliot s'est pris les pieds dans une épaisse peau d'ours, projetant son verre d'eau par terre. Il se penche en maugréant pour réparer les dégâts… et retrouve le verre intact. À mieux y regarder, l'eau a gelé dedans !

Depuis la veille, le système de chauffage fait des siennes. La nuit, la température à l'intérieur de la maison d'Anyu tombe à - 3 °C. Rien de bien méchant ! Mais pénible pour les activités quotidiennes : aller aux toilettes, prendre sa douche ou boire un verre d'eau préparé sur une table de nuit.

Bien emmitouflé, Elliot se dirige vers la grande fenêtre de la salle à manger. Il est à peine six heures du matin, les autres ne vont pas tarder à se lever. Or, il a besoin de faire le point sur les derniers événements…

Il répugne à seulement envisager qu'un phénomène paranormal puisse intervenir dans ses affaires. Alors, accepter qu'une apparition

communique avec leur père !

Et puis, il y a Anyu...

– Anyu... murmure-t-il pour lui-même.

– Tu me cherches ?

Elliot sursaute à l'entrée de la jeune fille.

– Je... je me répète les prénoms de toute la famille, bredouille-t-il de mauvaise foi. Pour bien me les rentrer dans le crâne !

Un sourire malicieux aux lèvres, Anyu s'étire.

– Ça va vous paraître long d'entendre toutes ces histoires que vous connaissez déjà, non ? s'inquiète-t-elle.

– Et bien, nous allons dire que l'expérience n'est pas commune : parler avec un ours est un phénomène que je ne croyais pas vraiment possible avant ce jour, s'emmêle Elliot.

– À ton avis, quelle âme invoquera mon grand-père aujourd'hui ?

– Voyons... Après le pôle Nord, mon père a monté une expédition en Antarctique. Tu sais, avec l'Américain qu'il a rencontré sur son trajet...

– Will Steger, complète Anyu.

Touché de l'attention qu'elle lui porte, Elliot poursuit :

– Ils avaient réuni six nationalités : un Anglais, Goeff Somers, un Japonais, Keizo Funatsu, un Chinois, Qin Dahe, un Russe, Victor Boyarsky, un Américain et un Français donc...

Ulysse entre en trombe.

– Et si tu commençais par lui expliquer le traité de l'Antarctique ?

– Que ferais-je sans toi, frérot ? ironise Elliot.

– Mais je le connais ce traité ! murmure Cicuq, les yeux encore tout embrumés de sommeil.

Elliot rassemble ses idées :

– Une douzaine de pays ont signé ce traité en 1959 à Washington. Il faisait de l'Antarctique la plus grande réserve naturelle du monde, mais aussi la seule terre entièrement consacrée à la recherche scientifique.

Il devait prendre fin en 1991. C'est pourquoi Will et notre père eurent l'idée d'une expédition internationale qui traverserait l'Antarctique depuis la péninsule à la base de Hope Bay. Cette marche dura sept mois. Ils parcoururent 6 300 kilomètres. Ils se déplaçaient à ski, et un attelage de chiens pour deux équipiers transportait le matériel.

– Je rate quelque chose ? lance Asiavik en les rejoignant. Il n'est pas un peu tôt pour une conférence ?

– Justement ! Profitons-en pour retourner voir Qilaq, s'enthousiasme Elliot. Avec un peu de chance, nous aurons droit à deux histoires aujourd'hui.

– N'y compte pas trop ! rétorque Cicuq. Notre grand-père n'est pas un fainéant. Mais une invocation par jour, ça le fatigue déjà assez !

– Tu es une bien mauvaise langue, mon petit-fils ! gronde une voix dans le couloir.

– Qilaq ! s'exclament les enfants.

– Une tempête est annoncée pour aujourd'hui, vous n'auriez pas pu me rejoindre... Et je dois reconnaître que l'histoire de votre père m'a tenu éveillé une bonne partie de la nuit !

– Trop classe ! Un chaman à domicile, chuchote Ulysse à l'oreille d'Elliot, qui lui répond par un coup de coude dans les côtes.

– Et si nous commencions par un bon petit déjeuner ? gémit Cicuq en se tenant les côtes comme un jeune ours en proie à une famine sévère.

Qilaq s'installe en bout de table et s'absorbe instantanément dans une profonde méditation. Comme la veille, un doux fourmillement envahit les joues des garçons.

L'apparition ne tarde pas : un superbe chien, doté d'une puissante musculature se matérialise au milieu du salon. Son regard erre avant de se poser sur le chaman.

– Je n'ai pas voulu croire l'ours...

– Tu avais tort, mon lapin ! réplique Qilaq.

– Tu déraisonnes, dit le chien. Et dans une maison, en plus !

– Ne te fais pas prier, ma douce Thulé. Tu as toujours dit que l'histoire que tu t'apprêtes à raconter est l'épisode le plus heureux de ta vie !

– C'est une femelle ! s'exclame Elliot, un peu trop fort.

– Et pourquoi pas ? grogne Thulé en direction des enfants.

– Allez, tout doux, temporise le chaman. Tu ne distingues pas une vieille connaissance parmi ces enfants ?

Thulé se rapproche du petit groupe, les inspecte, les renifle... et tombe en arrêt devant Elliot.

– Pas croyable ! Mais tu as été cloné ?

Puis retroussant ses babines et courbant l'échine :

– Jean-Louis Étienne, sors de ce corps...

– Tu n'as plus toute ta tête ma chère, s'amuse Qilaq. Il s'agit de son fils, pas d'un esprit ! Allez, nous t'écoutons. Où as-tu rencontré leur père pour la première fois ?

– C'était au Groenland, commence Thulé. Le bruit courait qu'il ne s'agissait que d'un entraînement... Tu parles d'un entraînement ! Traverser le Groenland du sud au nord, ce ne fut pas tout à fait ce que j'appelle une promenade de santé.

– Tu faisais partie de l'attelage de chiens qui a conduit notre père au Groenland ? s'enthousiasme Ulysse.

– Et en Antarctique aussi ! précise Thulé, fière et hautaine.

– Pas tout à fait, grommelle Elliot.

– Oh toi, tu es bien le fils de ton père ! Ce maudit besoin de précision ! En effet, pour être exacte, j'appartenais à un Anglais...

– Goeff Somers ? ! lance Anyu.

– Comment le sais-tu ? s'étonne Thulé.

– Pour tout dire, Elliot a commencé à nous planter le décor de la prochaine expédition, trois fois rien en fait, balbutie Anyu.

– Faut le dire, si je ne sers à rien !

– Mais, nous n'avions pas du tout évoqué la traversée du Groenland.

Thulé fait mine de se radoucir.

– Bon, parlons de notre expédition ! En 1988, nous avons été déposés au sud du Groenland à 1500 mètres d'altitude…

– Pourquoi si haut ? s'étonne Ulysse.

– L'Antarctique grouille de montagnes et est recouvert d'une calotte glaciaire. Nous allions évoluer à une altitude comprise entre 1 500 et 3 000 mètres. Au Groenland, il s'agissait, non seulement de se mettre dans les mêmes conditions de climat et de relief, mais aussi de repérer ceux qui auraient mal supporté l'effort en altitude. Cela vaut d'ailleurs pour les chiens ! L'expédition comptait trois meutes de chiens et six hommes. J'étais la seule femelle et j'occupais la position de chien de tête. Autrement dit, c'est moi qui menais onze chiens. Et, vous pouvez me croire, ça filait doux ! Les hommes formaient des équipes de deux : deux par traîneaux, deux sous la tente. Pas deux ne parlaient la même langue. Sauf l'Anglais et l'Américain, et pourtant on ne peut pas dire qu'ils se comprenaient mieux pour autant… Ton père, par exemple, il ne parlait pas un mot de russe ; néanmoins, il y avait une immense affection entre Victor Boyarsky et lui…

Bref, nous voilà partis pour l'aventure ! C'était une vie exaltante, pas une vie de chien de chenil qui croupit en attendant de faire un petit tour

de piste. Quel régal, ces journées de courses effrénées dans ces immenses espaces vierges ! Nous sentions que nos maîtres se pensaient investis d'une mission importante. Ces hommes-là, ils avaient de grands idéaux. Ils voulaient sauver le monde ! Mettre leur énergie débordante dans une cause universelle. Et ils nous communiquaient cet appétit de vivre, à nous, les jeunes chiens. On les aurait suivis au bout du monde, pour qu'ils puissent réaliser leurs rêves.

– Tu en parles bien, tu sais, Thulé, murmure Elliot. Peut-être que s'il nous en avait parlé comme ça, on aurait mieux compris ses absences…

– Il ne l'a peut-être pas partagée, toute cette fougue, intervient Ulysse, mais il nous l'a transmise. À sa manière, silencieusement. Notre envie de se coltiner le monde est incommensurable !

Elliot serre son petit frère dans ses bras :

– Tu as peut-être raison ! En tout cas, tu vois toujours le bon côté des choses, c'est ta force aussi !

– Tu me plais toi ! s'exclame Thulé, tu es qui ?

– Ulysse… le deuxième fils.

– Tu ne lui ressembles pas… Pourtant quelque chose de son énergie transparaît en toi.

– Ma douce Thulé, peux-tu reprendre le cours de ton histoire ? susurre le chaman.

Avec un soupir, la chienne s'exécute :

– Que veux-tu que je te dise ? Lever six heures du matin, trente-cinq kilomètres de marche par jour et tout ça durant deux mois... Les chiens qui se sont fatigués pendant l'entraînement ne sont pas venus en Antarctique... Les flemmards ! De leur côté, tous les hommes ont tenu le choc... Ah ! j'oublie un détail : le Chinois n'avait pas encore été choisi par son gouvernement. Alors, c'est un ami de votre père qui a fait office de sixième larron...

– Bernard Prud'homme ! lance Elliot. Un équipier avec qui il avait fait l'Everest et la Patagonie.

– Parce qu'en plus il a fait l'Everest ? s'émerveille Anyu.

– Comme médecin d'expédition. Mais c'était bien avant, en 1983. Les esprits des animaux n'ont pas pu l'évoquer.

Qilaq sort de sa rêverie pour dire :

– C'était donc ça... Quel âge avait votre père lorsqu'il a réussi sa traversée du pôle Nord ?

– Quarante ans.

– Pour tout vous dire, cette question fut la cause de mon insomnie de cette nuit... Comment un homme peut-il tout à coup décider de traverser le pôle Nord ? ! Il avait déjà une certaine expérience, pas vrai, les gars ?

– En fait, il était alpiniste mais aussi marin, dit Ulysse.

– Oui, complète Elliot, il a fait des transatlantiques en tant que médecin, pour encadrer des toxicomanes, et il a participé à la course autour du monde sur le bateau d'Éric Tabarly, le *Pen Duick*.

Qilaq réclame l'attention en levant le bras :

– Sans action de sa part, Thulé est amenée à se dissoudre dans le cosmos... Nous devons la laisser terminer son récit !

– Vieil escroc... Doublé d'un chameau arctique ! lance Thulé, ulcérée.

Puis, se résignant :

– De toute façon, je n'ai pas le choix ! En réalité, cet entraînement s'est plutôt déroulé sans heurt, avec quelques tempêtes bien sûr, mais rien de bien méchant. Lors de gros blizzards, il fallait cependant prendre soin de dégager nos chaînes. Plusieurs fois dans la nuit, si par mégarde, nous avions fait un petit pipi innocent dessus, elles se soudaient à la plaque de glace. Avec la neige qui s'accumulait, nous ne pouvions plus nous relever et nous étouffions sous notre igloo sur mesure.

– C'est vraiment arrivé ? s'inquiète Anyu.

– Nous couinions tant qu'ils ont vite compris ce qui se passait. Ils ont organisé des tours de garde pour nous. C'est le genre de détail qui nous a bien servis l'année d'après en Antarctique…

Puis semblant se souvenir d'une anecdote amusante, elle continua :

– Nous n'avons pas rencontré grand monde sur le trajet. Ce n'était d'ailleurs pas prévu, il faut bien admettre que le centre du Groenland n'est pas des plus habités. Cependant, un jour, nous sommes tombés sur une construction au milieu de nulle part, perchée à quarante mètres de hauteur. Évidemment, pas indiquée sur les cartes. Les gars, grisés par tous les efforts qu'ils produisaient, ils ne se sont pas dégonflés et ils ont gravi la multitude de marches qui permettaient d'y accéder… Et devinez ce que c'était ?

– La demeure d'un ogre des neiges ! s'esclaffe Cicuq.

– Une base secrète américaine ! lâche Thulé.

– Tu plaisantes ? s'étonne Asiavik.

– Cette bonne vieille habitude des Américains, de nous pondre des bases partout ! commente le chaman. Les pourtours arctiques en sont truffés.

– Et qu'est-ce qu'ils faisaient là ? Des observations scientifiques ? questionne Anyu.

– En théorie ! se lance Elliot. Rappelez-vous que

cet épisode se situe il y a plus de vingt ans, vers la fin de la guerre froide : l'Amérique du Nord et l'Union soviétique ont fait une course à l'armement. Et pas des petits pétards de foire, non ! des ogives nucléaires ! Sur nos cartes habituelles, on ne s'en rend peut-être pas compte, mais le plus court chemin entre ces deux pays, c'est le pôle Nord !

– Tu as raison fiston, approuve le chaman, si une guerre avait éclaté, croyez-moi, c'est par là qu'elle aurait commencé.

– Vous voyez le topo ? reprend Thulé. Tout occupés qu'ils étaient à regarder le ciel, ils n'avaient pas vu venir une expédition internationale arrivée par la terre... Ou plutôt par la glace ! À leur décharge, ils ne recevaient pas beaucoup de visites. Mais je vous rappelle que, dans l'équipe, il y avait un Soviétique... Une fois la surprise passée, les Américains ont appelé Washington, qui a immédiatement interdit l'accès à ce possible espion. Le plus beau, ce fut la solidarité de l'équipe. Malgré leur évidente envie de passer un moment au chaud, ils sont tous redescendus et ont campé au pied de l'édifice. Ils se sont même payé le luxe d'une petite fiesta ! Les Américains ont fini par les rejoindre. Ils ont trinqué pour l'amitié entre les peuples – je ne vous fais pas un dessin ! La suspicion s'est dissoute dans quelques verres de vodka. Mais le plus drôle, c'est que Victor Boyarsky, un être furieusement sympathique, les a tellement séduits que, à la fin, ils se prenaient tous dans les bras. Il y en a même un qui a échangé son pull avec le Soviétique !

Dans la maison d'Anyu, l'ambiance n'est pas moins joyeuse. Remise en appétit par le récit de la fête américano-soviétique, la petite troupe prépare de nouveaux toasts.

Thulé, tout pur esprit qu'elle est, ressent une envie tenace de mordre dans un délicieux bout de bacon odorant qu'Ulysse lui tend avec insistance. Mais chaque nouvelle tentative se solde par un coup de croc inefficace dans le vide.

– Ça me rappelle une anecdote, dit-elle, dépitée. Nous, les chiens de traîneau, on est braves, mais on n'en garde pas moins quelques réflexes primordiaux. Sur la dernière partie du trajet, Victor, toujours lui, ouvrait la voie aux meutes de chiens. Je ne sais pour quelle raison, il a trébuché un peu violemment et est venu s'aplatir tout près d'un chien de tête… L'animal, en une fraction de seconde, s'est jeté sur lui et l'a mordu au visage.

– Eh ! Thulé, s'amuse Ulysse. C'est un message que tu nous envoies ?

Thulé, troublée, bredouille :

– Peut-être… En quelque sorte, oui…

Elle secoue la tête et reprend plus fermement :

– Pour conclure, la traversée a duré deux mois. Et l'on peut dire que, en guise d'entraînement, c'était une vraie expédition, leur affaire !

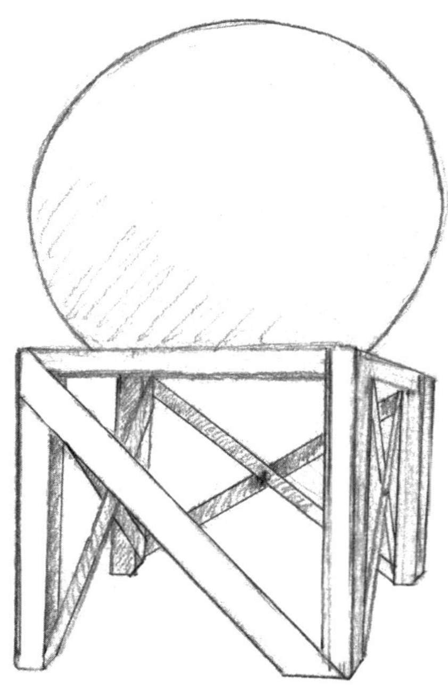

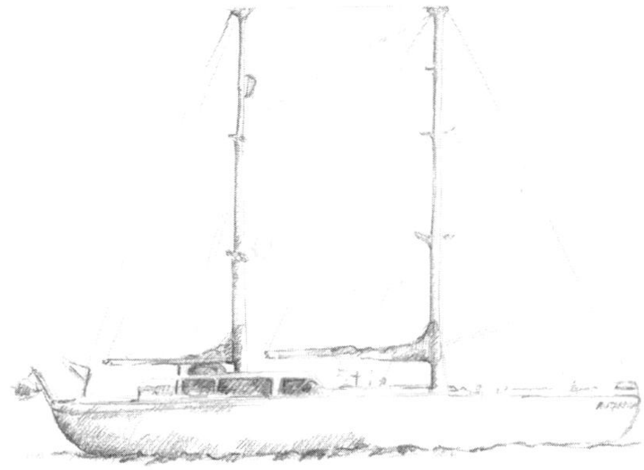

CHAPITRE IV

NAISSANCE DE L'*ANTARCTICA*

Où l'on découvre les secrets d'un bateau
pas comme les autres,
et où l'on croise un autre explorateur célèbre.

Ce matin-là, le temps ne se contente pas d'être maussade : un blizzard à décorner les bœufs musqués gronde à l'extérieur. Elliot et Anyu, confortablement installés devant un feu de cheminée, ont commencé une discussion sur la construction du bateau *Antarctica*, lorsqu'un éclat de voix d'Ulysse les interrompt.

– Fripouille, tu m'as bien eu ! crie-t-il à Cicuq.

– Que se passe-t-il ? demande Anyu.

– Ce faux frère a prétendu me rendre service en me montrant un raccourci entre la douche et ma chambre...

– Et ?

Entre deux sursauts de rire, Cicuq complète :

– Il est sorti, simplement vêtu d'une petite serviette à fleurs, tu sais la préférée d'Asiavik, par la porte de derrière... directement exposé aux vents furieux !

L'hilarité devient générale. Cicuq, le premier, reprend son sérieux.

ANTARCTICA

– Qu'est-ce que vous complotiez ? demande-t-il.

– Elliot m'explique comment son père a eu l'idée de faire construire son bateau *Antarctica*, lui répond sa sœur.

– Oh ! Mais nous n'allons pas vous déranger plus longtemps ! fait Ulysse en tirant Cicuq par la capuche de son pull.

– Mais, moi aussi, ça m'intéresse ! proteste le garçon.

– Vous ne nous dérangez pas ! glisse Anyu à Ulysse, clin d'œil à l'appui.

– Dans ce cas...

Ulysse ne se fait pas davantage prier. Il bondit sur le canapé, et s'installe juste entre les deux tourtereaux.

Sans relever la provocation, Elliot sort les plans du bateau. Il les transporte dans son carnet de voyage, reliés par un lien en cuir vert. Ce carnet contient une foultitude de trésors : photos, ticket d'entrée au musée de l'Espace de Washington, plans d'objets qui l'intéressent... Il se trouve que les constructions de son père en font partie.

– Je n'avais jamais vu un voilier comme celui-là ! s'exclame Cicuq. Cette coque toute ronde en métal... on dirait le ventre d'une baleine !

– Tu ne crois pas si bien dire ! répond Ulysse. Lorsqu'il naviguait dans les mers froides, il est arrivé que des jeunes baleines le prennent pour une congénère et l'accompagne un bon moment ! Le métal qui le constitue s'appelle l'aluminium. Il a été construit pour naviguer dans les régions polaires. Sa coque renforcée devait permettre de « tâter du glaçon ». Mais attention, ce n'est pas un brise-glace, il ne peut pas casser des épaisseurs de trois mètres de banquise. Simplement, sa coque n'est pas endommagée si elle heurte des blocs de glace sur son passage.

– C'est bien pratique en effet ! intervient Qilaq, le chaman, qui vient de pénétrer dans la pièce. Vous avez passé une bonne nuit, les enfants ?

– Pas mal ! répondent, sans grand enthousiasme, les enfants.

– Quoi ? C'est le manque de chaleur qui vous chagrine ? Bande de phoques des tropiques ! s'amuse le vieil homme.

Le chaman aime à les taquiner sans relâche, signe d'une franche affection que les enfants lui rendent bien.

Elliot, imperturbable, poursuit son explication :

– Mais surtout, on a conçu l'*Antarctica* en s'inspirant du bateau de Nansen : le *Fram*. Il a une forme assez plate et très ronde, ce qui lui permet, s'il venait à se faire piéger entre deux plaques de banquise, d'échapper à la compression de la glace. De la même façon qu'une savonnette que tu serres dans le creux de la main !

– Et la pression peut être titanesque ! renchérit le chaman. Il n'y a qu'à voir la dernière crête de compression qui s'est formée non loin de mon igloo ! Et combien mesure-t-il, ce bijou ?

– Trente-six mètres de longueur sur dix mètres de largeur. Le bateau de Nansen, lui, avait une double coque en chêne massif avec, entre les deux, des épis de maïs pour l'isoler du froid.

– Qu'est-ce qui est arrivé au bateau de Nansen ? se renseigne Asiavik.

– Il a été pris dans les glaces au large de la Russie, et en est ressorti trois hivers plus tard, intact, sur la côte ouest du Spitzberg. L'objectif de Nansen était de rallier le pôle Nord. Lorsqu'il a compris que le bateau ne passerait pas, il a décidé de le rejoindre à pied, laissant à bord une partie de l'équipage. La banquise était si accidentée qu'il n'y est pas parvenu, mais pendant ce temps, le bateau avait continué tranquillement sa dérive, si bien qu'il n'a pas pu le retrouver et a dû hiverner sur l'île François-Joseph.

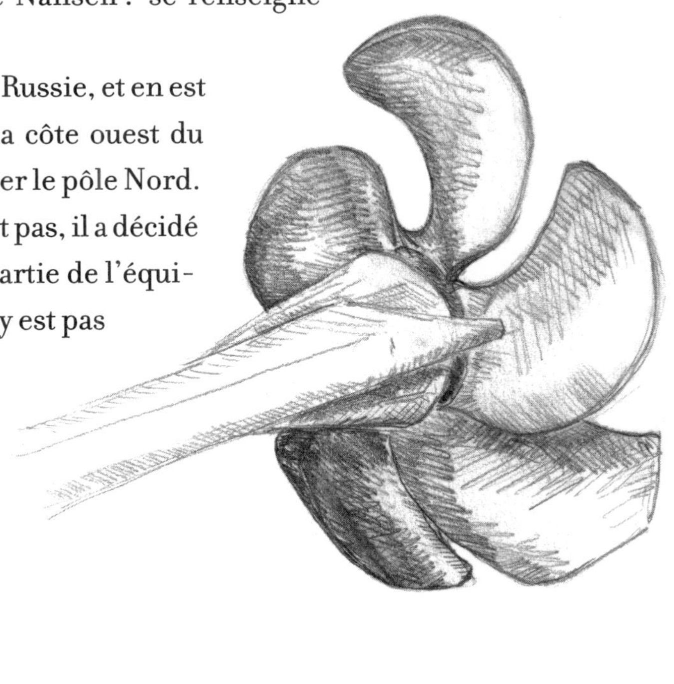

– En réalité, complète Ulysse, en

construisant son bateau *Antarctica*, notre père avait dans l'idée de fêter le centenaire de cette aventure. C'était en 1989, le centenaire aurait dû avoir lieu en 1993.

– Comment ça, « aurait dû » ? s'impatiente Cicuq.

– Mais, tu es bien pressé mon garçon ! réplique Qilaq. Nous allons dérouler tranquillement le cours de la vie du papa d'Elliot et d'Ulysse, et nous verrons bien…

Trêve de plaisanterie ! Ce que vous ne savez peut-être pas les enfants, c'est que nous n'avons pas toujours connu l'existence de ce courant transpolaire. C'est grâce à une autre histoire, tragique celle-là, que nous l'avons découvert… Le bateau, la *Jeannette*, qui tentait d'atteindre, lui aussi le pôle Nord, s'était fait prendre dans les glaces, au-delà du détroit de Bering. Une partie de l'équipage réussit à rejoindre la Sibérie à pied… Mais on n'a jamais revu l'autre ! Le plus terrible est que l'épave de la *Jeannette* a été retrouvée, broyée par les glaces au sud du Groenland, preuve qu'un courant traversant toute la zone arctique existe bel et bien !

Le chaman captive son public, et la discussion continue ainsi toute la matinée.

Les frères évoquent la mise à l'eau et les installations faites dans le bateau *Antarctica*. Au fil du récit, tous embarquent pour une croisière imaginaire…

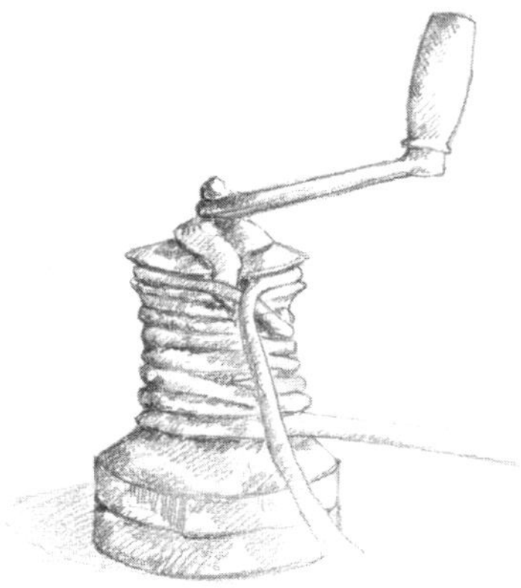

CHAPITRE V

TRANSANTARCTICA, UNE EXPÉDITION INÉGALÉE

Où l'on dresse le portrait de six aventuriers,
où on les accompagne pendant six mille trois cents kilomètres,
et où la chienne Thulé nous conte une bien triste histoire.

Le lendemain matin, à peine Ulysse a-t-il esquissé une sortie hors du lit, que Qilaq entre comme un diable dans la chambre, en tirant autant de duvets, couvertures et autres peaux de renne qu'il en passe à sa portée.

– Vous n'entendez rien ? La tempête est enfin tombée ! clame le chaman.

Et tirant en grand les lourds rideaux :

– Le soleil nous fait le plaisir d'une visite !

– Ce qui veut dire, entonnent les enfants d'une même voix, que tu vas pouvoir rentrer dans ton igloo !

– Chenapans, vous n'y pensez pas ! Et que deviendraient Elliot et Ulysse ? Cessez vos sarcasmes et préparez-vous pour une longue journée, nous partons tous pour mon igloo.

Râlant pour le principe, tous s'activent pour préparer le traîneau. Ils se réjouissent de rejoindre l'igloo de Qilaq, un lieu bien plus

propice à recevoir l'apparition d'un esprit.

Ils sont en chemin quand, dans le silence des grandes étendues glacées, retentit une voix :

– Fesse d'ours mal entretenu ! T'en as mis du temps pour venir me chercher !

C'est Thulé, sans aucun doute. Mais s'ils l'entendent, les enfants ne la voient pas. Cela n'impressionne pas le chaman qui réplique :

– Puisque tu es parmi nous, pourquoi ne commencerais-tu pas à nous conter ton histoire ? Cette marche me semble tout à fait adéquate.

– Je demande une courte pause, dit Elliot.

Il fouille dans son sac et en tire une carte de l'Antarctique. Tous se penchent dessus.

– Ils sont partis depuis ce point, au bout de la péninsule antarctique, montre Elliot. En juillet 1989.

– Hope Bay ! déchiffre Anyu. « La baie de l'Espoir ».

– Pour atteindre ce point, de l'autre côté de la carte : la base russe de Mirny. Cette traversée de l'Antarctique, de 6 300 kilomètres, dura sept mois et fut la plus grande jamais réalisée…

– Et toujours pas égalée ! complète Ulysse. Ils étaient six hommes de nationalités différentes. Ils souhaitaient attirer l'attention du monde sur les menaces qui pèseraient sur ce continent vierge, si on accordait aux États l'autorisation d'exploiter les richesses minières et pétrolières de ses sous-sols.

– Je vais vous les présenter ! intervient Elliot. Commençons par l'Américain… Avec de nombreuses expéditions en traîneau à chiens à son actif, Will Steger possédait une grande connaissance des chiens de traîneau. C'est d'ailleurs dans son élevage de chiens, dans le Minnesota, que notre père est allé s'entraîner.

– L'apprentissage a été brutal et sans pédagogie particulière, le coupe Ulysse. Après lui avoir fait faire un tour sur le circuit de dix kilomètres qu'il entretenait dans la forêt, Will a sauté du traîneau, laissant notre père aux commandes sans autre directive que : « Les chiens vont t'apprendre ! » Autant te dire que les chiens se sont bagarrés et le traîneau s'est renversé plusieurs fois, avant qu'il ne rentre au bercail ! Notre père ne possédait qu'un seul atout : les chiens ne lui faisaient pas peur.

– Cela prend un certain temps avant de s'imposer à une meute de chiens, commente le chaman. L'animal ressent très vite si l'homme est de taille à lui tenir tête. Sinon, pas question d'imaginer faire quoi que ce soit d'un attelage de chiens !

– Le Russe, Victor Boyarsky, continue Elliot, avait été désigné par le Parti, comme un digne représentant de l'Union soviétique. Notre père avait demandé un type avec une grande connaissance du froid et des chiens… En fait, qu'il soit russe semblait répondre à la consigne concernant le froid… et il avait un chien à la maison ! Il s'est révélé un homme d'une force phénoménale, poète chaleureux, toujours attentif aux autres. À chaque anniversaire, il écrivait un poème.

– Pas de regret donc ? conclut Anyu.

– Oh que non ! Le profil de l'Anglais correspondait plus à la demande. Il était *musher*, conducteur professionnel de traîneau, et avait fait deux saisons sur une base britannique en Antarctique. Il faut savoir qu'une saison correspond à dix-huit mois. Une fois en Antarctique, les rotations ne sont pas courantes. Ces longs mois passés dans la nuit polaire et le froid forgent indéniablement le caractère !

– Et surtout, c'était mon maître ! intervient Thulé.

L'émotion transparaît dans sa voix.

– Le Japonais, Keizo Funatsu, venait d'arriver en Alaska pour effectuer une course célèbre… l'Iditarod…

– Tu parles, si on la connaît ! commente Cicuq. C'est une course d'attelage de chiens.

Thulé reprend la parole :

– Enfin, le Chinois… Rappelez-vous, il n'avait pas participé à la traversée du Groenland, car, comme le Russe, son gouvernement devait le nommer. Qin Dahe était parfait sur le papier : scientifique renommé spécialiste de la glace, il avait dirigé une base chinoise en Antarctique. Sur le terrain, c'était un homme délicieux, mais absolument pas sportif, qui ne connaissait rien au camping. Pour faciliter sa progression, son équipier, mon maître, lui avait proposé de s'accrocher au traîneau. Le premier jour, ne maîtrisant pas du tout le ski, il était tombé dans les premiers mètres. Par un réflexe instinctif primordial, il n'avait pas lâché le traîneau, et la meute l'avait traîné ainsi durant plus d'une heure !

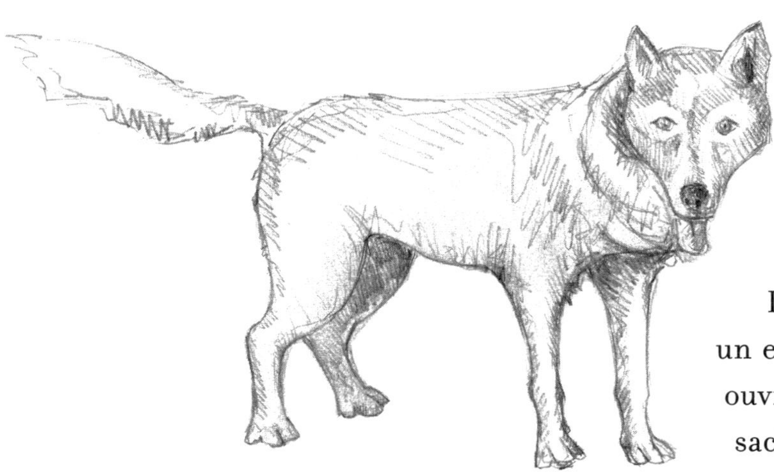

– Thulé, tu es une bien mauvaise fille ! la gronde le chaman, tout aussi hilare qu'elle, pourtant.

– Il avait des gelures et des crampes. Les premières semaines furent pour lui un enfer ! ajoute Elliot. Will, l'Américain, ouvrait le convoi avec Victor, le Russe. Ne sachant pas particulièrement mener une

meute, mais d'une force et d'une endurance hors du commun, il avait la lourde tâche d'ouvrir la marche et de montrer la voie aux chiens de tête. Venaient ensuite Keizo, le Japonais, et notre père. Puis, fermant la marche, Thulé, en chien de tête, avec Goeff Somers, l'Anglais et Qin Dahe, le Chinois...

La joyeuse troupe atteint l'igloo. Et tandis qu'ils s'y installent, Thulé fait enfin sa véritable apparition. Elle se lèche tranquillement la patte, avant de reprendre :

– Cet ordre n'était pas immuable, j'ai souvent été en tête de l'ensemble du convoi, au grand dam de mes congénères masculins ! Mais les groupes de deux dont tu parles, Elliot, n'ont jamais changé. Une meute a besoin de connaître le *musher* et réciproquement. Par contre, pour les tentes, c'était différent. Chaque mois, ils essayaient une combinaison nouvelle. J'imagine qu'ainsi ils ont fait plus ample connaissance ! Il faut bien comprendre que le soir venu, ils ne se regroupaient pas tous ensemble sous une tente.

Ils se partageaient le travail : l'un des deux s'occupait de nous. Il tendait un câble, sur lequel nous étions accrochés pour la nuit. La difficulté était de faire un bon ancrage dans la glace au cas où l'envie nous prendrait de tirer tous ensemble. De plus, tu n'as pas plus castagneurs que nous ! Du coup, ils nous espaçaient de deux mètres. Puis, ils montaient la tente, ensemble cette fois. Ensuite, chacun retournait à sa tâche. L'un des deux revenait vers nous, nous défaisait les harnais, nous brossait pour enlever la glace accumulée dans nos poils et, enfin, nous donnait à manger !

– Qu'est-ce que tu mangeais, Thulé ? se renseigne Cicuq.

– C'était une grosse partie du poids de nos traîneaux ! Un cube de un kilo, congelé, d'un mélange de viande, de poisson, d'œufs, de

CARTE DE L'ANTARCTIQUE

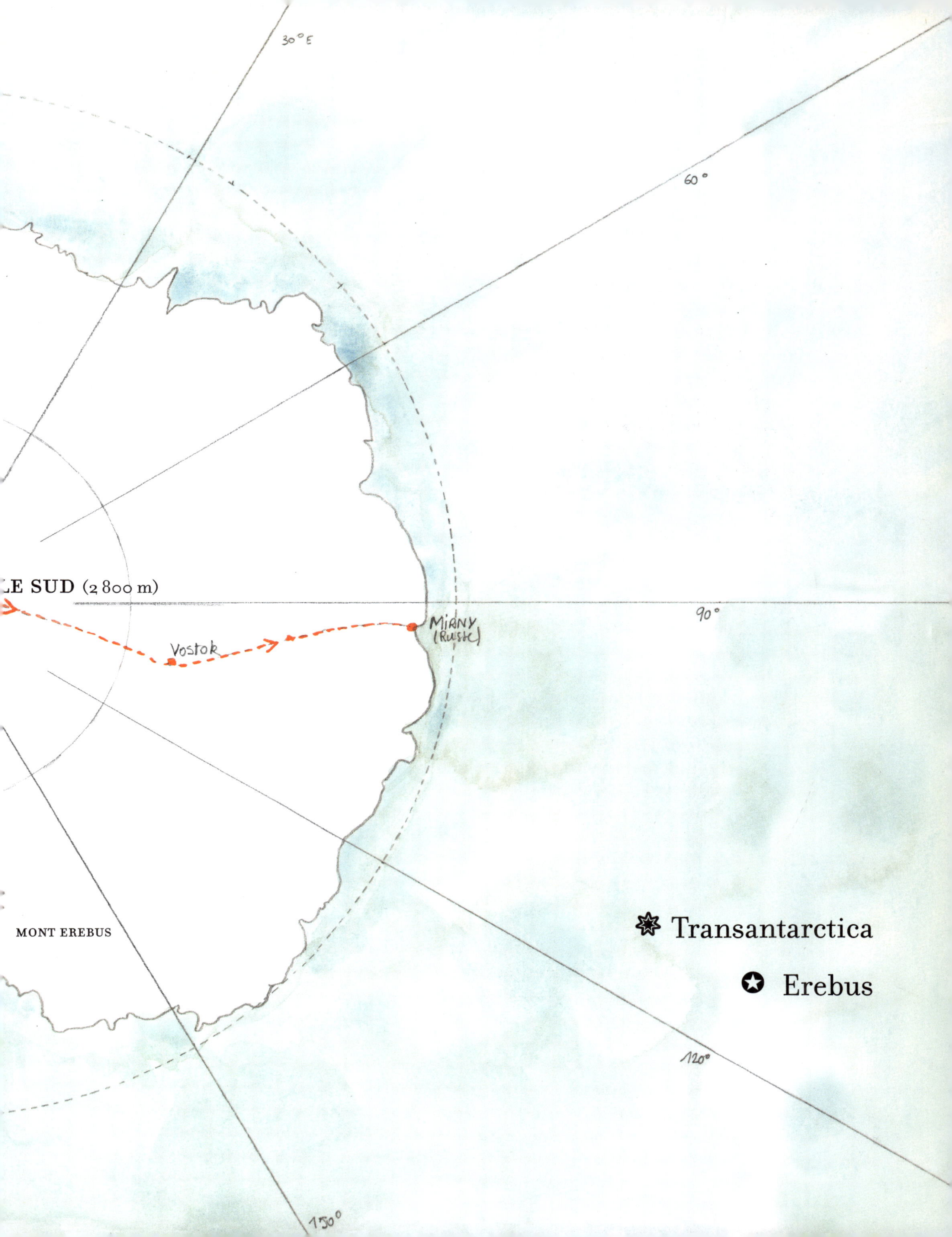
30° E
60°
LE SUD (2 800 m)
90°
MIRNY
(Russe)
Vostok
MONT EREBUS
Transantarctica
Erebus
120°
150°

graisse et de vitamines… On mangeait une fois par jour, mais tu peux me croire, c'était consistant !

– Six mille calories, à ce qu'il paraît ! renchérit Ulysse.

Une nourriture énergétique faite spécialement pour l'expédition. Alors qu'en moyenne un humain, en temps normal, mange deux mille cinq cents calories !

– Et qu'est-ce qu'il faisait l'autre, dans la tente ? demande Anyu.

– Installation et nourriture… Ça ne paraît rien comme ça, mais il fallait mettre en route le réchaud et faire fondre la glace… Ils mangeaient du pemmican…

– C'est un truc d'Indien, précise le chaman. De la viande de bœuf, fumée et séchée, mélangée à de la graisse. Ça se conserve longtemps et c'est très nourrissant.

– Ils l'accompagnaient de pâtes, de purée ou de riz. Après, ça ne traînait pas : aussitôt le dîner terminé, les gars ronflaient !

– Mais, la journée, ils mangeaient quoi ?

– Le matin, ils déjeunaient d'un mélange de céréales, fruits secs, sucre, lait, chocolat et… beurre ! Ils en avaient bien besoin. D'autant que le repas de midi était vraiment frugal : chacun disposait d'un thermos d'eau chaude, pour reconstituer une soupe et un café. Ainsi que de quelques fruits secs et d'un peu de chocolat. N'oubliez pas qu'il faisait extrêmement froid, or, ils ne prenaient pas le temps de monter un camp.

Pour se protéger du vent, ils se mettaient tous à l'abri derrière un traîneau. La pause n'était pas longue. Nous, les chiens, on en profitait pour nous désaltérer avec de la neige, et faire un petit pipi…

Pendant que nous courions, vous pouvez me croire, c'était assez drôle de nous voir lever la patte et lâcher un petit jet !

Timidement, Asiavik pose la question qui lui brûle la langue :

– Mais, toi Thulé, avec tous ces mâles, tu n'as pas eu de problème ?

– Toi, ma grande, tu ne parles guère, mais tu es perspicace ! réplique la chienne. En règle générale, nous étions toujours attachés. Comme je te le disais, nous, les chiens de traîneau, tenons davantage du loup que du chien, et il n'est pas rare que des bagarres éclatent pour un rien. En ce qui me concerne, j'étais dans une « bonne période ». Le bon moment pour faire des petits, quoi ! Toujours est-il, qu'à Patriot Hills…

Elliot pointe l'endroit sur la carte.

– Au pied du point culminant de l'Antarctique, le mont Vinson, se trouve de la *blue ice*, une glace très dure, sur laquelle les avions sur roue ont la possibilité de se poser. Nous avons fait un échange de chiens. Quatre des nôtres présentaient de sérieux signes de fatigue. Ils ont été remplacés à ce moment-là. À la faveur de l'agitation, un des chiens de Keizo est venu me rendre visite… Goeff assura cependant que je n'avais rien à craindre puisqu'il me donnait la pilule !

– C'est sûr, ça n'aurait pas été pratique de porter des bébés, vu ce que tu avais à accomplir ! commente Anyu.

– Il s'agissait d'une pilule homéopathique, complète Thulé. Je vous raconterai le dénouement le moment venu…

– Et vous n'avez pas eu d'autres problèmes avec les chiens ? s'intéresse Elliot.

– Si, fiston ! Ça a commencé sur le trajet qui nous emmenait vers le continent antarctique…

Un Iliouchine 76, un avion russe, était venu nous chercher à Saint-Paul, aux États-Unis. L'avion avait, comme qui dirait, quelques heures de vols, et, très vite, des avaries nous ont obligés à nous poser. Mais, vu les rapports russo-américains, pas moyen de trouver des pièces de rechange. Il a fallu que nous nous rendions à Cuba ! On sortait de l'hiver, avec une fourrure épaisse et fournie, et nous voilà rendus dans une fournaise de tous les diables ! Heureusement, on nous a transférés dans un zoo où nous étions arrosés en permanence. Mais, pendant le trajet, deux des chiens n'ont pas tenu le coup.

Les chiens des trois meutes ont rencontré d'autres difficultés, en particulier dans la première partie où nous traversions des glaciers. Avant de rejoindre le plateau antarctique, situé en moyenne à 3 000 mètres d'altitude, nous devions passer par des régions montagneuses où vent et brouillard alternaient sans cesse. C'était éprouvant ! Les glaciers, comme vous le savez peut-être, regorgent de crevasses perfides. Tu peux passer dessus sans t'en rendre compte ! Il est souvent arrivé, pendant la marche, qu'un chien s'enfonce d'un coup dans l'une d'elles, et disparaisse. Grâce à son harnais, il était toujours possible de le sortir de là... Sauf une fois ! Avec l'usure de la glace, le harnais avait cédé, et le chien a fait une chute de trente mètres, avant de rencontrer un pont de neige, une sorte de petit rebord à l'intérieur de la crevasse.

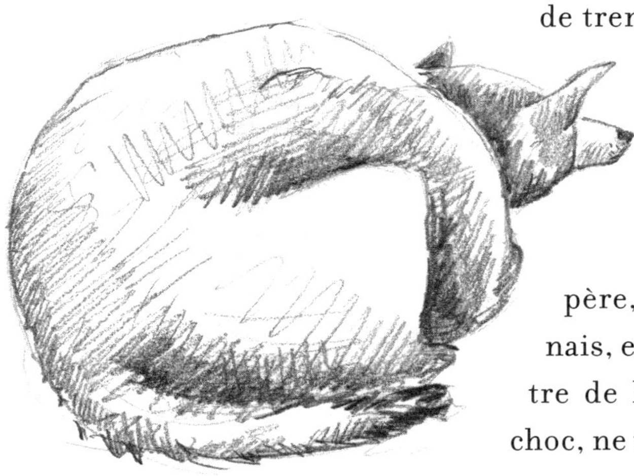

– Il a été blessé ? s'inquiète Ulysse.

– Coup de chance, non ! Et c'est votre père, en bon alpiniste, qui a enfilé un harnais, et qui est descendu en rappel dans le ventre de la crevasse. Le chien, terrorisé par le choc, ne tenait pas en place. Plusieurs fois, il s'en

est fallu de peu qu'il glisse vers les profondeurs, sans espoir de retour. Votre père a été formidable... Les autres traîneaux étaient sur un sol instable, il aurait fallu partir au plus vite... Eh bien, non ! Il lui a parlé, l'a apaisé et, finalement, l'a remonté indemne.

Anyu, Asiavik et Cicuq se tournent vers Elliot et Ulysse, comme si un peu du mérite du père rejaillissait sur les deux enfants. Elliot, de son œil brillant, fixe Thulé. La chienne a abandonné son habituelle moquerie, et laisse deviner sa reconnaissance.

– Après cet épisode, lorsque nous traversions d'immenses zones de crevasses, Victor partait en reconnaissance pour vérifier la solidité du terrain. Lorsqu'il n'était pas possible de contourner la crevasse, les traîneaux passaient un par un, sans les hommes, le plus rapidement possible.

À force de contourner, cependant, nous sommes arrivés dans un cul-de-sac. Toute l'équipe se retrouva en haut d'un glacier, à une centaine de mètres de la plaine que nous devions rejoindre. Nous avions deux solutions : rebrousser chemin, perdant un temps infini vers un chemin incertain, dans un labyrinthe de glace, ou s'engager par la cascade de séracs, qui descendait à pic devant nous, sur cent mètres de dénivelé. Pour une fois, c'est Keizo et votre père qui sont partis appréhender les difficultés. Le couloir était trop pentu pour amener les chiens. Ils s'étaient donc éloignés seuls. Arrivé dans le goulet d'étranglement, votre père a levé ses bâtons de ski et les a croisés pour signifier qu'il était impossible de descendre par là. Will a mal interprété le signal et a enroulé des cordes autour des skis du traîneau afin de ralentir la descente. Puis, sans crier gare, il s'est lancé, avec ses chiens, tout droit dans le couloir de glace. Nous avons tous retenu notre souffle. D'autant qu'en raison de l'inclinaison quasi verticale de la pente, il disparut un instant ! Puis il réapparut dans la plaine, à une vitesse phénoménale. Encouragés par son audace, tous les membres de l'équipe sont repartis, les uns derrière les autres... Mes amis, quel moment nous avons vécu là ! Le lendemain, nous arrivions à Patriot Hills.

Un silence suit ce récit palpitant. Qilaq le rompt le premier :

– Une question me turlupine : vous portiez tout votre matériel, toute votre nourriture, pour les sept mois de traversée ?

– Nous avions une autonomie d'environ un mois. L'année précédente, mon maître, l'Anglais Goeff Somers, s'était chargé de déposer des vivres et du matériel, de telle sorte que nous avions un ravitaillement sur place tous les mois... Nous avions les coordonnées GPS de chacune des déposes de nourriture, mais, avec les tempêtes qui avaient remué beaucoup de neige, un des ravitaillements n'a pas été retrouvé.

– Comment vous avez fait ? s'inquiète Ulysse.

– C'était pas du gâteau, tu peux me croire ! Ça s'est passé entre la terre d'Ellsworth et le pôle Sud. D'après les calculs de Goeff, nous devions tomber juste dessus. Le premier soir, sereins, nous montons le camp, pensant reprendre les recherches le lendemain... Mais nous n'avons jamais réussi à mettre la main dessus ! Avec les crevasses et l'état général du sol, pas question qu'un avion atterrisse. Par contre, nous avons réussi à convaincre des gars de notre

logistique de venir nous survoler et de lâcher un sac de vivres non loin de nous. Grâce à cette nourriture, nous avons pu tenir jusqu'au prochain ravitaillement… Mais dans quel état ! Chiens et hommes, nous étions sérieusement sur nos réserves !

– Et finalement, tu attendais des bébés ? interroge Asiavik.

– Elle n'en perd pas une miette, celle-là ! réplique la chienne, amusée. Tu as raison… Mon ventre s'arrondissait de plus en plus, et les journées devenaient de plus en plus difficiles. J'ai eu beau le cacher, Goeff, mon maître, n'a pas mis longtemps à comprendre ! Arrivés au pôle Sud, épuisés par notre manque de nourriture, nous sommes restés trois jours pour nous refaire une santé.

– Le pôle Sud, l'axe de rotation de la Terre ! s'exclame Ulysse.

– Le point le plus éloigné de toute habitation et de toute activité humaine ! ajoute Elliot. Et aussi le point de référence sur notre Terre pour la pureté de l'air !

– La suite, Thulé ! réclame Anyu.

– Il a été décidé que je continuerais quelques kilomètres et qu'à la prochaine rotation un avion, qui faisait la navette, m'avancerait jusqu'à la base russe de Vostok où je pourrais mettre bas et me reposer.

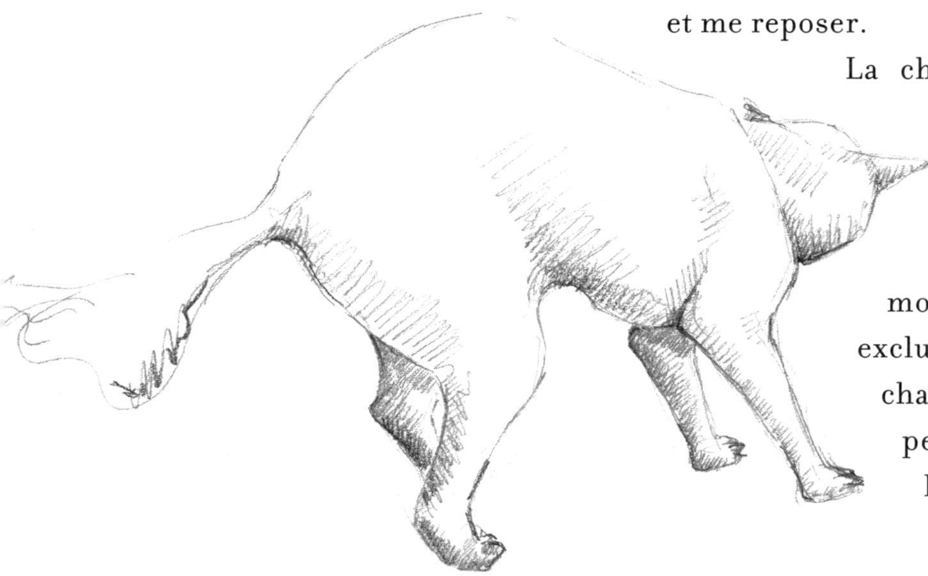

La chienne semble soudain très triste.

– Les choses ne se sont pas passées comme prévu. Une fois séparée de la meute, mon cœur s'est emballé. Être exclue de l'aventure me devenait chaque jour plus pénible… Mes petits étaient très mignons… Drôles, joueurs ! Mais lorsque j'ai senti que ma meute se rapprochait, des idées noires me sont passées par la tête, je me sentais punie... Et sur un coup de folie... j'ai mangé mes petits !

Les enfants regardent Thulé, abasourdis, ne sachant comment réagir.

– Tu as dû beaucoup souffrir, murmure enfin le chaman.

– Je n'étais plus moi-même... Lorsque la meute est arrivée, deux jours plus tard, je me suis réfugiée et blottie parmi eux. Ils m'ont fait la fête, ils m'ont réchauffé l'âme. C'est à cet instant que j'ai réalisé ce que j'avais fait, mais aussi que j'ai repris vie... J'ai eu des petits depuis, mais je n'ai jamais regretté ce que j'avais fait.

– Nous ne sommes pas là pour te juger ! dit Asiavik avec douceur.

Qilaq se lève et, sans un mot, sort un morceau de viande de renne fumée dont il tranche un morceau pour chacun.

– Le chemin qui nous mène à votre père est bien inattendu ! murmure-t-il.

Elliot, penché sur la carte, tente une diversion :

– Vostok ? C'est l'endroit le plus froid de la planète, si je ne m'abuse ?

– Tu peux le dire ! répond Thulé. Nous avons eu - 49 °C.

– Ce n'est pourtant qu'à 3 500 mètres d'altitude. Mais c'est à Vostok que les températures les plus basses ont été enregistrées : - 89 °C ! Les premières carottes de glace ont été faites à cet endroit. Prélevées dans les profondeurs, elles permettent de lire les climats anciens.

– En tout cas, pour nous les

chiens, boire y était une vraie torture ! On s'ouvrait les babines sur les plaques de glace... Des gouttes de sang marquaient notre passage, et les hommes nous faisaient faire de grands détours pour nous permettre d'étancher notre soif avec de la neige.

– Et pour les hommes, ça se passait bien ? se renseigne Ulysse.

– Nous avons eu un incident... Deux jours avant l'arrivée à la base russe de Mirny, la fin de l'expédition. Une tempête énorme s'était levée. Ce n'était ni la première ni la plus virulente, mais après sept mois d'efforts, il y avait du relâchement... D'énormes engins russes étaient venus nous faciliter l'arrivée sur la base. Les hommes étaient rassemblés dans un des engins, quand ils se rendirent compte que le Japonais, Keizo, n'était toujours pas revenu de nous avoir nourris. Branle-bas de combat, ils se rhabillent et sortent du camion. Le blizzard était tel qu'on n'y voyait pas à un mètre. Ils ont fait une chaîne à partir du camion, en tournant autour. Ils hurlaient : « Keizo ! Keizo ! » Le bruit furieux du vent n'arrangeait rien à l'affaire... Au bout de deux heures, ils ont suspendu les recherches jusqu'au lendemain six heures. À ces latitudes, le jour n'est plus permanent, une nuit courte tombe chaque soir. Le lendemain, ils ont repris leur sauvetage. Après huit heures dans un froid à- 25 °C, la situation devenait très délicate. Et puis, au bout d'une longue heure, Keizo a été retrouvé. Et vous n'allez pas me croire... Il était sorti en sous-vêtements, pour ce qu'il pensait être peu de temps.

Elliot exprime l'étonnement général :

– Mais comment a-t-il survécu ?

– Keizo était un *musher*, il nous avait souvent observés... Lors des nuits glaciales brassées par le vent et par la neige, nous les chiens, nous nous mettons en boule. La neige s'accumule autour de nous. Il nous suffit alors de remuer doucement pour que la neige ne soit pas en contact avec notre corps, mais qu'elle nous isole du vent. Seule notre truffe pointe à l'extérieur pour nous permettre de respirer...

– Comme un igloo sur mesure ! précise Qilaq le chaman.

– Mais dans quel état était Keizo ? insiste Asiavik.

– Excellent ! En tout cas, pour la nuit qu'il venait de passer. Il s'est mis à l'abri et a mangé chaud. Deux heures plus tard, ils ont tous repris la route !

– Eh ben, mon vieux, ce n'était pas des petites natures ! s'exclame Ulysse.

Elliot et Anyu se lèvent pour se dégourdir les jambes, tandis qu'Ulysse et Cicuq taquinent Thulé en passant leurs mains dans sa jolie fourrure épaisse. Qilaq semble toujours absorbé dans une méditation profonde.

Sans que ces paupières se soulèvent, le chaman interpelle les deux garçons :

– Veuillez observer une certaine retenue avec notre bonne Thulé, jeunes gens... Il s'agit d'un esprit, tout de même !

– Bah, j'adore ça ! réplique la chienne.

– Est-ce qu'un traité a finalement été signé ? interroge Asiavik.

– Oui ! Un moratoire qui protège l'Antarctique de l'exploitation de ses richesses a été signé. Mais il prendra fin en 2048.

– Vous voyez ce qu'il vous reste à faire, les enfants, commente le chaman.

– On est prêts ! affirme Cicuq.

Et tous éclatent de rire.

CHAPITRE VI

NAVIGATION AUSTRALE

Où Qilaq fait apparaître une ménagerie bavarde,
où l'Antarctica montre ce qu'il a dans le ventre,
et où l'on apprend pourquoi la Patagonie
s'appelle Patagonie.

Le thermomètre affiche - 28 °C quand les enfants partent rejoindre Qilaq le lendemain. Il leur a recommandé de ne pas traîner, car une expérience palpitante les attend.

En effet, à peine sont-ils installés dans l'igloo, qu'ils entendent le sol gronder, puis le voient s'ouvrir sur une masse sombre, d'où s'élève une voix cristalline.

– Bienvenue, ma chère, dit Qilaq.

Te voilà loin de tes eaux habituelles !

– Moi qui adore voyager, tu ne pouvais pas me faire plus plaisir !

– Mais c'est une baleine ! s'exclame Ulysse.

– Et pas n'importe laquelle : une baleine franche ! ajoute Elliot.

La surprise passée, les enfants s'approchent prudemment du trou d'eau. Ils découvrent le corps imposant, et pourtant souple, de la

baleine. Elle doit bien faire trente-cinq mètres. Les parois de l'igloo se sont volatilisées pour laisser la magie opérer. Pas farouche, la baleine se laisse approcher puis toucher.

– C'est quoi, ce que tu as autour de la bouche… Et là, près des yeux ? On dirait des coquillages !

– Ce sont des callosités, une particularité des baleines franches. Chez chacune de nous, elles sont disposées différemment.

– Tu avais quel âge lorsque tu as croisé notre père ? veut savoir Ulysse.

– Laisse-moi réfléchir… Une cinquantaine d'années ! C'était au large de la péninsule Valdès…

Elliot étale sa carte de façon à ce que tous puissent la consulter.

– Il avait un bien étrange bateau, poursuit la baleine.

– L'*Antarctica* ! s'écrient en cœur les enfants.

– Possible… Il était rond avec un ventre tout argenté ! Je m'étais approchée de la machine avec grand intérêt. Lorsque je suis remontée à la surface pour respirer, un ridicule petit kayak rouge était sur mon dos… avec ton père dedans ! L'embarcation a valdingué…

– Lui qui n'aime pas se baigner !

– Agacée par cet intrus, j'ai glissé sous l'eau et je lui ai flanqué un bon coup de caudale… C'est ma queue ! Il a fait un vol plané d'au moins cinq mètres, avant de s'aplatir lamentablement dans l'eau. Il n'avait pas l'air bien en point.

– Tu peux le dire, confirme Elliot, tu lui as cassé deux côtes ! Il doit s'agir de la « navigation australe », que notre père a faite avec l'*Antarctica*, juste après la traversée de l'Antarctique. Elle a duré six mois. Son but était de faire partager un périple exceptionnel à ceux qui n'ont pas la chance de découvrir ces lieux mythiques du monde : les canaux de

Patagonie, le cap Horn, la péninsule antarctique, les Malouines...

Un animal de taille impressionnante se hisse sur la banquise.

– Voici mes deux compagnons de jeux : le lion de mer et l'otarie, présente la baleine.

– Intéressant, commente le chaman. Nous n'avons pas de lion de mer par ici.

Elliot explique à son frère étonné que, s'il s'agit bien d'animaux polaires, ceux-ci ne vivent que dans l'hémisphère Sud, de la même manière que l'ours ne vit qu'au pôle Nord.

– Lorsque j'ai croisé le bateau de votre père, j'étais enceinte depuis un an, continue la baleine. Le petit allait arriver. J'ai passé quelque temps avec son équipe qui semblait ravie de ma compagnie... Il faut dire que je leur ai fait des belles séries de huit sauts d'affilée. Lorsque le bateau est parti, je venais de mettre bas et je ne les ai pas suivis. Ils descendaient vers le sud. Un de mes nombreux amants m'a confirmé qu'il les avait croisés en Géorgie du Sud...

– Un de tes nombreux amants ? s'étonne Asiavik.

– Comme toutes les baleines franches, cette dame-là ne sait pas ce que fidélité veut dire ! commente l'otarie.

– De toute façon, je ne m'aventure pas vers la Géorgie du Sud... C'est un haut lieu du commerce de la baleine ! Les bateaux qui faisaient la chasse venaient en Géorgie pour dépecer les bêtes, faire fondre la graisse...

– Tout est bon dans la baleine, explique Ulysse. Ouvre la bouche, qu'on voit tes fanons ! Ils servaient autrefois à faire des parapluies ou des soutiens-gorge. La viande était mangée. Avec la graisse, ils faisaient des savons, des bougies ou des cosmétiques. Et l'ambre gris des cachalots servait à faire du parfum...

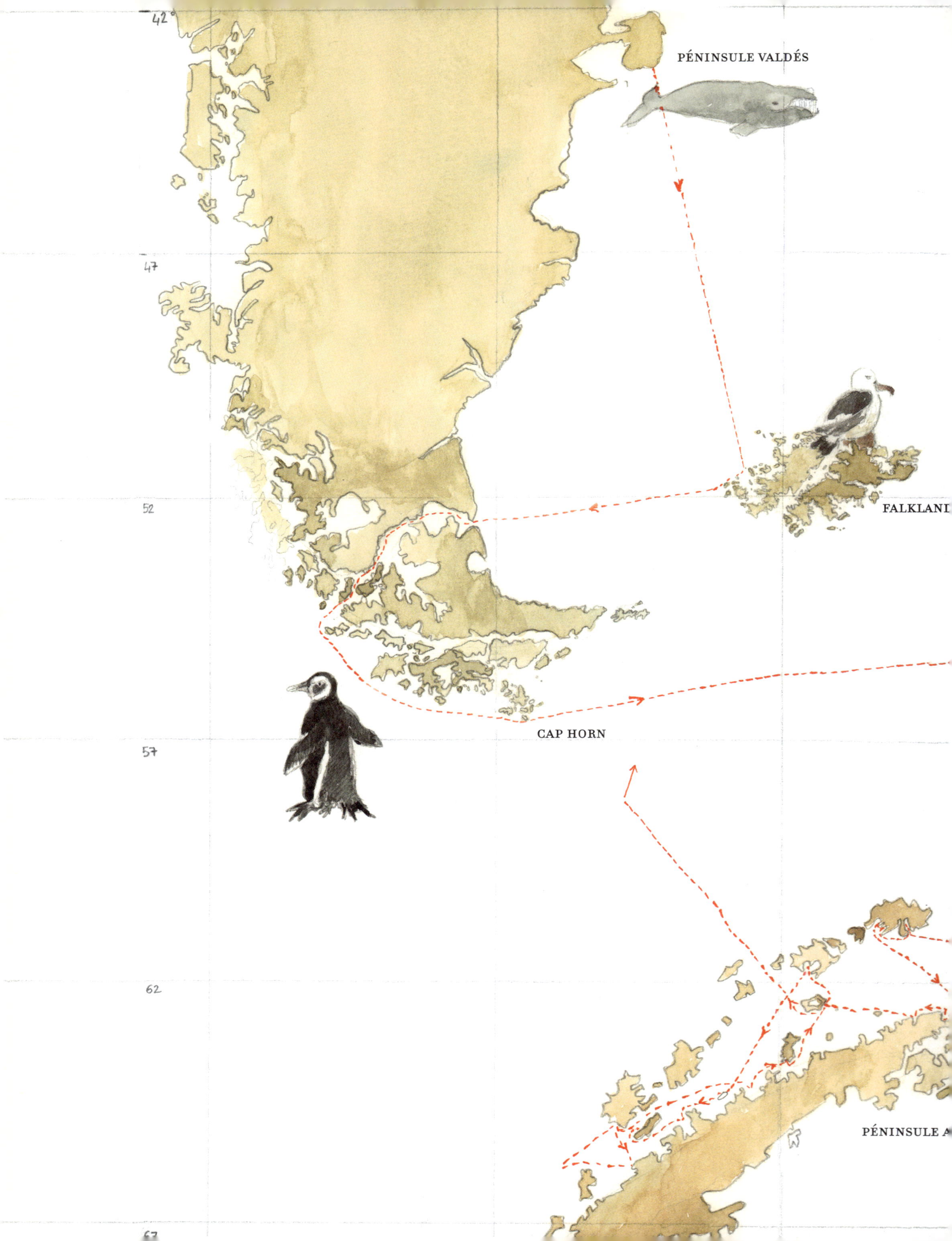

42°
PÉNINSULE VALDÉS
47
52
FALKLANI
CAP HORN
57
62
PÉNINSULE A

N
NW
NE
W
E
SW
SE
S
GÉORGIE DU SUD
ORCADE DU SUD

– J'en étais sûr ! crie une voix.

Ils lèvent tous la tête, car elle vient du ciel...

Une armée d'albatros à sourcils noirs, l'air pas commode, s'abat sur eux.

– On te laisse commencer l'histoire, mais tu n'es pas capable de respecter l'ordre chronologique du voyage ! piaille l'un des oiseaux. Après la péninsule Valdès, votre père s'est dirigé vers les Falkland, ou Malouines, comme tu préfères...

– Là où niche la plus grosse colonie d'albatros à sourcils noirs ! s'amuse l'otarie.

Elliot et Anyu sont penchés sur la carte.

– Tu dis les Falkland ?

– Oui. Et tu peux me croire, mon gars, c'est un sacré beau coin ! Ils ont passé du temps avec une famille que ton père semblait bien connaître : les Poncet.

– Ah, oui ! Ils ont trois enfants qu'ils ont élevés dans ces terres reculées et hostiles...

– Ça, c'est une vie d'aventure ! commente Ulysse.

– Tu peux le dire ! L'aîné, qui n'avait que douze ans, conduisait tout seul le bateau pour aller pêcher. Les enfants suivaient l'école par radio. L'institutrice se déplaçait de ferme en ferme pour vérifier et approfondir leurs connaissances. Sally et Jérôme Poncet étaient arrivés là, après avoir longtemps navigué à bord de leur bateau, le *Damien*. Ils s'occupaient d'une ferme pendant l'hiver et faisaient du recensement de la faune de l'île en été.

Elliot questionne l'albatros :

– J'ai vu des photos de vos colonies. Vos nids sont très particuliers, n'est-ce pas ?

Deux manchots rigolards viennent d'atterrir à leurs pieds sur la banquise.

– Ce ne sont pas des nids qu'ils ont, ce sont des pots de chambre ! s'exclame l'un d'eux.

– Nous, au moins, nous essayons de lutter contre le ruissellement des eaux de pluie qui sont incessantes, se défend l'albatros. Pour protéger nos œufs, nous construisons des sortes de cheminées faites de terre. Quel travail d'entretien !

Ulysse observe avec attention l'albatros qui s'est posé près de lui. Avec son corps d'une blancheur éclatante, ses ailes noires et son bec crochu au bout rouge sang, il est magnifique.

Quand il déploie ses ailes, le garçon ne retient pas son admiration :

– Quelle envergure fais-tu ?

– Un bon deux mètres quarante d'un bout à l'autre des ailes !

De nouvelles espèces ne cessent d'arriver. Les enfants se trouvent maintenant dans une véritable ménagerie.

Cela n'entame en rien la curiosité d'Ulysse :

– Est-ce que quelqu'un sait pourquoi on dit « Malouines » ou « Falkland » ?

– Falkland est le nom que les Anglais avaient donné à cet archipel, répond Elliot. Au XVIIIe siècle, une importante colonie de Bretons de Saint-Malo s'y est installée. On les appellait des « Malouins ». Ils ont rebaptisé l'archipel « Malouines ». Mais ces îles anglaises ont conservé le nom officiel de « Falkland ». Ces Malouins accompagnaient le célèbre Bougainville, qui avait fait des Falkland une base avancée pour l'exploration des terres australes.

– Mes ancêtres parlaient de ce capitaine de frégate, intervient l'albatros. Il est parti des Malouines, accompagné d'un naturaliste et d'un dessinateur,

et il a passé le détroit de Magellan…

– Magellan, encore un explorateur célèbre ! remarque Ulysse.

– Bougainville, lui, l'est surtout pour avoir découvert les îles Samoa, dans l'océan Pacifique. En fait, l'expédition de votre père a été l'occasion d'évoquer tous ces grands explorateurs, ce qu'ils ont découvert, ce qui s'est passé depuis leur passage, comment vivent les gens aujourd'hui… Quels sont les animaux qui peuplent ces régions inaccessibles et comment ils vivent…

Un phoque, la tête confortablement installée sur les genoux d'Asiavik, met son grain de sel :

– L'*Antarctica* a rejoint les canaux de Patagonie par le détroit de Magellan…

Elliot leur apporte des explications :

– C'est un lieu de passage de nombreux explorateurs. La plupart étaient mandatés par leur pays pour découvrir une nouvelle voie maritime vers l'Orient, la Chine, l'Inde, avec lesquelles ils voulaient développer le commerce. C'est ce que Christophe Colomb cherchait lorsqu'il est tombé sur le continent américain, croyant rencontrer des Indiens ! Les navigateurs ont longé la côte vers le sud, jusqu'à ce que Magellan trouve un passage vers le Pacifique. Et il y en a un encore plus au sud : le canal du Beagle. Darwin l'a emprunté pour rejoindre les Galápagos.

– Je comprends mieux la richesse de cette expédition, dit Cicuq. Pas d'exploit physique… mais des tonnes d'histoires à faire partager !

Les enfants passent l'heure qui suit à détailler minutieusement les animaux, qui se prêtent volontiers au jeu.

Puis le manchot de Magellan les guide dans la suite du voyage :

– Votre père a fait une belle navigation dans les canaux de Patagonie. Il faut dire que c'est un endroit époustouflant de beauté.

La baleine franche et le goéland l'approuvent sans réserve.

– À l'ouest, les Andes, qui culminent à 2 500 mètres, viennent se jeter directement dans l'océan : forêts de feuillus et glaciers se côtoient et atterrissent dans les eaux tumultueuses du Pacifique… Des paysages fascinants ! Si bien qu'un jour, au fond du fjord Serro Garibaldi, le bateau arriva juste à temps pour sauver un groupe de touristes. Trois petites embarcations s'étaient approchées du glacier, pour l'observer de plus près. Quand, tout à coup, un énorme bloc de glace s'est décroché. Moment de pure félicité ! Je vous laisse imaginer la beauté de cette glace transpercée par la lumière, révélant le bleu étincelant caché dans l'intimité de la glace… Et voilà qu'un raz-de-marée traverse le fjord de part en part et vient se cogner puis rebondir contre les rochers, créant un tourbillon vertigineux qui engloutit une des embarcations… Quelques secondes plus tard, le canot remonte… vide ! L'un après l'autre, les quinze touristes, tombés à l'eau, émergent, éparpillés parmi les blocs de glace. Votre père décide, bien sûr, de leur porter secours. De toute façon, seul *Antarctica* pouvait se frayer un chemin dans ce dédale de glace. Les naufragés passèrent tout de même une dizaine de minutes dans une eau à 0 °C. Hypothermie, bosses, plaies, certains ont été évacués sur une civière… Sans cette intervention, cette promenade leur aurait probablement été fatale.

L'émotion a laissé les enfants pantois. Qilaq fait diversion :

– Mais le fameux peuple Patagon n'aurait-il pas pu porter secours à ces touristes ? Il me semble avoir lu quelque part que les Patagons sont dotés d'une corpulence et d'une force hors du commun !

– La bonne blague ! s'exclame un léopard de mer. Vous savez d'où vient cette légende d'homme immense, vivant nu, recouvert de graisse, sous des températures glaciales ? D'un malentendu ! Lorsque votre Magellan est arrivé en péninsule Valdès, il est tombé sur des traces de pied géantes. Il en a déduit que la taille de ce peuple allait de pair. Il les appela alors « les Patagons », ce qui signifie « aux grands pieds », d'où le nom de Patagonie. Mais, en réalité, ce peuple s'entourait les pieds avec d'épaisses fourrures pour se protéger du froid…

– Et si nous repassions dans l'océan Atlantique par le cap Horn ? propose le chaman.

Elliot doit rechercher sa carte sous le ventre énorme d'un éléphant de mer.

– Vous voyez l'île la plus au sud de la Terre de Feu ? montre-t-il. La dernière avant de partir vers le continent antarctique…

– Mais c'est tout petit ! s'exclame Cicuq.

– C'est pourtant là que se trouve le phare, reprend le manchot. À cinq cents mètres au-dessus de la mer, sur une roche éruptive, presque toujours dans la brume, entourée d'eaux déchaînées quasi en permanence. Le passage de l'océan Atlantique vers le Pacifique ne se faisait pas sans heurt ; beaucoup venaient se fracasser contre les rochers. Des bateaux de commerce essayaient de passer durant des jours et des jours, et finissaient par renoncer. Ce phare du bout du monde, ce n'était pas du luxe ! Donc, en route pour la Géorgie du Sud, via les cinquantièmes hurlants…

– C'est quoi, ça ? s'étonne Anyu.

– Les latitudes qui se situent entre cinquantième et cinquante-neuvième. Et « hurlants », parce que

les vents y sont absolument démoniaques !

– En chemin, l'*Antarctica* a croisé son premier iceberg, dit une petite voix très douce.

Elle appartient à un bel oiseau noir et blanc, nommé damier du cap, en référence au damier inscrit sur ces ailes majestueuses.

– Vous en avez aussi, des icebergs. Mais dans l'Antarctique, ils sont immenses et plats. On les appelle « des tabulaires ». Ils sont issus de la calotte glaciaire qui, sur ce continent, peut atteindre 5 000 mètres. Il s'en détache des morceaux absolument gigantesques, parfois grands comme un département français ! Cette calotte représente 90 % de la glace du globe et 70 % de l'eau douce… Il faut dire que cette glace s'est formée durant des milliers d'années.

Une nuée d'oiseaux de toutes tailles fait soudain son apparition : cormorans aux yeux bleus, pétrels géants, pétrels plongeurs, pétrels des neiges, goélands, skuas, sternes, damiers du cap, canards… Avec, à leur tête, un albatros hurleur.

– Je n'ai jamais vu un oiseau aussi grand ! s'extasie Elliot.

– J'ai la plus grande voilure du monde, se vante l'oiseau. Une envergure de trois mètres soixante. Une fois mon premier envol pris, je peux tourner autour de l'Antarctique durant des années sans me poser ! Et moi aussi, j'ai rencontré votre père… Des scientifiques qui se trouvaient à bord m'ont même muni d'un GPS pour connaître mes lieux de pêche. Évidemment, je me suis débarrassé de cette hérésie dans les heures qui ont suivi…

– Place ! tonne une voix de basse.

L'éléphant de mer s'impose au centre de l'assistance, suivi de la vingtaine de femelles constituant son harem, trimballant une odeur pestilentielle.

ANTARTICA

– Moi, j'ai rencontré votre père à l'endroit exact où Shackleton avait débarqué des années plus tôt !

Elliot doit se fendre d'une explication :

– Shackleton était un explorateur polaire très connu, qui souhaitait se rendre au pôle Sud à pied. Il avait affrété un navire, l'*Endurance*, pour atteindre l'Antarctique. À peine s'était-il approché, que le bateau fut pris dans les glaces et peu après, broyé. Shackleton et son équipage durent rejoindre la terre la plus proche : l'île Éléphant. Bien vite, ils comprirent que personne ne viendrait les secourir là. Shackleton décida d'embarquer avec cinq équipiers, dans un canot de survie, direction la Géorgie du Sud. Plus de mille huit cents kilomètres de distance !

– Ce n'est pas tout, reprend l'éléphant de mer. Il a réussi cette navigation périlleuse, mais une fois arrivé sur l'île, il a dû la traverser pour rejoindre le port habité à l'année : trente kilomètres de marche dans les montagnes et les glaciers, sans rien dans le ventre…

Un manchot macaroni, très rigolo avec ses sourcils canari, ajoute :

– Lorsqu'il a été recueilli, dans un bien piteux état, il ne voulait pas perdre de temps à reprendre des forces. Il a tout de suite réarmé un bateau pour aller rechercher ses compagnons d'infortune !

– Et il les a tous ramenés indemnes ! conclut un superbe manchot royal.

Qilaq n'avait pas menti en promettant une fabuleuse journée ! Un décor surnaturel, des animaux qui ne songent pas à s'entre-dévorer… Et pour cause : ils ne sont que purs esprits ! Si Elliot et Ulysse tardaient à retrouver leur père, ils auraient au moins vécu une expérience inoubliable.

Ulysse a pourtant un regret :

– Ils ne se sont pas arrêtés aux îles des Orcades ?

– Et non, fiston, trop de glace ! Des tabulaires monstrueuses leur ont barré le passage…

– N'oublie pas que voyager en bateau redonne aux distances leur juste valeur, chuchote Elliot à son frère. Arriver à destination se mérite. Nous perdons de vue cette réalité, nous qui ne nous déplaçons plus sur de grands trajets qu'en avion. L'avion abolit le temps, les distances et surtout les difficultés pour y parvenir…

– Eh les enfants, vous m'écoutez ! les hèle l'éléphant de mer. Nous commencerons ce voyage en péninsule antarctique par l'île de la Déception. Une île volcanique dont le cratère s'est affaissé. Les premiers marins qui la découvrirent rêvaient de s'y abriter. Mais ils ne trouvèrent jamais l'entrée du cratère – d'où ce nom. Par ailleurs, cette île est loin d'être décevante, tant elle regorge d'animaux, de couleurs inhabituelles et de surprises… Elle a une activité géothermique intense. Du coup, ses eaux atteignent les 40 °C, alors que l'air ambiant est de - 30 °C !

– Votre père ne s'est pas fait prier pour se baigner avec moi ! ajoute une otarie en se dandinant.

Sous les rires, Elliot rétorque du tac au tac :

– Ça m'étonnerait bien, ma douce ! Ça n'est pas son truc de faire le veau marin avec une otarie poilue !

– Bon, peut-être pas lui, admet l'otarie. Mais d'autres membres de l'équipage se sont jetés à l'eau. L'un est remonté avec du krill ébouillanté dans les cheveux !

– Hum ! le krill, fait la baleine. Ces petites crevettes des eaux froides sont mon péché mignon.

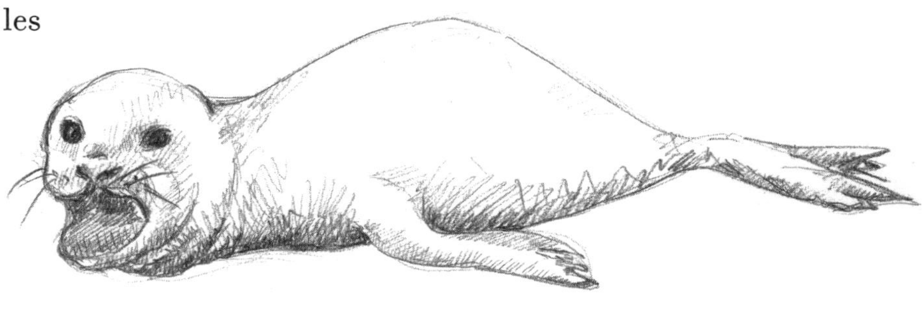

– Mais pourquoi ébouillanté ? interroge Anyu.

– Régulièrement l'activité du volcan augmente. Ceux qui ont eu la mauvaise idée de s'aventurer dans les profondeurs de l'océan subissent un sérieux coup de chaud !

Toujours est-il qu'un matin, à Déception, ils se sont réveillés emprisonnés par la banquise qui s'était formée durant la nuit. Ils n'étaient pas à l'aise… Le bateau avait été conçu pour ça, mais ils ne l'avaient pas encore testé sur le terrain. L'angoisse n'a pas duré. Ton père a même dit : « Tiens, l'océan a mis son masque de beauté glacée. » C'était l'été, la banquise a vite délivré l'*Antarctica* et ils sont repartis vers une base scientifique. Ah ! les bases scientifiques… ils en ont vu !

– La France a-t-elle une base en Antarctique ? se renseigne Anyu.

– Oui, en terre Adélie. Elle s'appelle la base Dumont d'Urville, répond Elliot.

– Mais ils n'y sont pas allés, précise un manchot royal. Elle se trouve de l'autre côté de l'Antarctique ! Par contre, ils sont passés par l'île de Petermann, où le commandant Charcot a hiverné avec son célèbre bateau le *Pourquoi pas ?*

– Quels savants, ces animaux ! s'émerveille Elliot. Le commandant Charcot était médecin, comme notre père. Il était extrêmement populaire en France, et a contribué à lancer la France dans la conquête de l'Antarctique. Il a mis tout son gros héritage dans des expéditions scientifiques vers ces contrées lointaines et méconnues. Mais le *Pourquoi pas ?* a été endommagé. Et, malgré diverses réparations, Charcot a coulé à son bord, au large de l'Islande…

– Encore une belle destinée ! remarque le chaman. Triste aussi.

Votre père a bien fait de se faire construire cet *Antarctica*, ça lui a évité bien des déboires.

Un peu de réconfort s'impose ! Les cristaux de glace au chocolat, préparés par Cicuq et Ulysse, remportent un vif succès.

Puis le manchot macaroni prend la parole :

– Ils ont visité une autre base qui va vous intéresser : la base britannique de Faraday… On y étudie l'atmosphère… Ça ne vous dit rien ?

Elliot va donner sa langue aux phoques lorsqu'une lueur s'allume dans son regard :

– Mais bien sûr, la couche d'ozone !

– Tu peux être plus précis ? s'agace Ulysse.

– C'est dans cette station que les scientifiques ont découvert qu'un trou béant s'était ouvert au-dessus du pôle Sud dans la couche d'ozone laissant passer des rayons du soleil ultranocifs… Depuis, des campagnes de prévention contre le cancer de la peau ont été lancées…

Petit à petit, les animaux disparaissent. La séance a été longue et intense ; Qilaq, épuisé, relâche sa concentration. Anyu et Asiavik entament un chant harmonieux dont le chaman martèle le tempo. Elliot, Ulysse et Cicuq ne ratent pas cette occasion de faire les pitres : ivres de fatigue, ils dansent autour des filles.

CHAPITRE VII

L'EREBUS, UN VOLCAN EN ANTARCTIQUE

Où l'on apprend à distinguer le manchot du pingouin,
où un pétrel des neiges accompagne l'ascension du volcan,
*et où une baleine avoue son amour pour l'*Antarctica.

Un drôle de bruit se fait entendre dans la chambre des enfants. Il est à peine six heures du matin, et aucun ne daigne lever une paupière.

Un mouvement de réveil s'amorce pourtant, quand Anyu se fait pincer sévèrement un orteil.

— Aïe ! crie-t-elle. Ça ne va pas, Cicuq !

— Hein ? Quoi ? Mais je n'ai rien fait, répond son frère à peine sorti du sommeil.

Anyu, furibarde, se redresse d'un bond, prête à tout pour châtier l'insolent… quand elle tombe nez à nez avec un joli petit manchot, Adélie. L'oiseau semble trouver très à son goût ce mignon petit peton qui sort du duvet.

— Mais qu'est-ce que tu fais là toi !

C'est un Qilaq hilare qui lui répond :

— Vous aurez tout le temps de dormir lorsque vous serez morts ! Il est grand temps de se mettre à la recherche du papa d'Elliot et d'Ulysse…

— Dis surtout que, curieux et insomniaque comme tu es, tu piaffais d'impatience en attendant la prochaine histoire ! lance Cicuq avec mauvaise humeur.

— Bande d'ingrats ! Moi qui suis venu vous chercher avec ce charmant petit pingouin…

— Manchot, grommelle Elliot, la bouche écrasée dans l'oreiller.

— Tu exagères ! J'ai beau être vieux et taquin, tous mes membres sont intacts !

— Ne fais pas semblant de ne pas comprendre, intervient Anyu. On ne dit pas pingouin, mais manchot. Ne confondons pas le pingouin du pôle Nord, qui sait voler, et le manchot du pôle Sud, qui ne sait plus voler.

— Bien, je vois que vous êtes parfaitement réveillés, lance le chaman. Allez mes chéris ! Refaites-moi quelques-unes de ces merveilleuses petites brioches chaudes… comment les appelles-tu Ulysse ?

Ulysse continue à dormir paisiblement ; un exploit, compte tenu du boucan qui envahit maintenant la chambre.

— Tu le fais exprès ? explose Anyu. Vous avez joué au poker toute la nuit ! Laisse-le récupérer.

— Bandit ! grogne Ulysse. C'était tout sauf du poker… Il fait apparaître les cartes qui l'arrangent ! Cet homme est démoniaque !

— Qu'est-ce que vous avez joué ? se renseigne Elliot.

— La montre du pôle Nord… gémit Ulysse.

Sentant le climat se gâter, le chaman s'est glissé discrètement hors de la chambre. Puis une fois à bonne distance :

— Une baleine à museau pointu parle d'un volcan dans les glaces, lance-t-il. Vous venez l'écouter ou je la dépèce ?

Les cinq enfants bondissent sur leurs jambes. Pressés de s'habiller, ils en oublient même leur pudeur habituelle. Ulysse, pitre de son état, se fait des oreilles d'âne avec les dessous d'Asiavik. Cela soulève des rires mais aucune protestation, tant ils sont tous pressés de sortir…

— Je prends mon carnet et mes cartes, ça peut servir ! murmure Elliot pour lui-même.

Ils retrouvent le chaman dehors, assis sur un banc, en grande conversation avec un museau protubérant dépassant de la banquise.

Elliot s'assoit à côté de lui en disant :

— Je ne m'y fais pas à ces animaux qui surgissent de terre. Ou plutôt, devrais-je dire de la mer… alors qu'il n'y a pas une once d'eau à côté de la maison !

— Mes enfants, voici notre nouveau guide, annonce Qilaq. La baleine à museau pointu ! Elle a demandé à se faire aider par ce petit manchot Adélie, ajoute-t-il en se tournant vers Anyu, qui porte dans ses bras l'oiseau grignoteur d'orteils.

Le manchot saute et marche vers la baleine. Sa tête, son dos et ses « ailes nageoires » noirs, lui donnent l'air d'avoir passé un smoking. Ses petits yeux ahuris sont cerclés de blanc.

Lorsque les enfants, qui se sont rassemblés autour des deux animaux, scrutent la baleine, ils constatent qu'elle a, elle aussi, une sorte de tenue de soirée, avec son ventre blanc et un motif clair en forme de double boomerang derrière la tête.

— Mes chers petits amis, commence-t-elle. Je suis ravie de pouvoir

contribuer à vos recherches ! J'ai rencontré votre père il y a bien des années, en 1993 pour être exacte. Il essayait de rejoindre le mont Erebus avec son superbe bateau baleine… Enfin, ça, c'est ce que j'ai compris plus tard ! Car lorsque nos routes se sont croisées, il arrivait juste en Antarctique.

— Ça y est, j'ai trouvé ! s'exclame Elliot.

Sa carte sur les genoux, tout assoupi qu'il soit encore, il a fini par trouver le mont Erebus.

— J'aime beaucoup cette aventure ! piaffe Ulysse. Il s'agit d'une expédition mer et montagne : de la navigation jusqu'en mer de Ross et de l'alpinisme pour gravir le volcan.

— Ouah ! un volcan ! s'extasie Cicuq.

— Oui mon petit gars, confirme la baleine. Et même un volcan en activité ! Pouvez-vous imaginer les forces telluriques de la terre en œuvre sur une île de glace ?

— Ce doit être somptueux, murmure Anyu.

— Mais il leur en a fallu du temps pour la rejoindre, l'île de Ross dont parle Ulysse ! Ils se sont présentés en mer de Ross début décembre, juste au début de l'été austral. La mer de Ross est une grande baie incrustée dans l'Antarctique. En hiver, cette mer se retrouve complètement encombrée de glace. D'une part, à cause des icebergs qui se détachent de la plate-forme de Ross…

— Qu'est-ce que c'est « la plate-forme de Ross » ? questionne Asiavik.

— Le prolongement de la calotte glaciaire qui recouvre l'Antarctique. Mais celle-ci, en plongeant dans la mer, ne se détache pas tout de suite et flotte sur des centaines de kilomètres…

— Sur une surface comparable à la France ! les informe Elliot.

— Exact. C'est d'ailleurs une des plus grandes plates-formes avec celle de Wedell ! complète la baleine. Rendez-vous compte : l'hiver, entre la plate-forme, les icebergs et la banquise, la mer de Ross devient vraiment impraticable. Mais votre père a misé sur sa bonne étoile et a tenté de se faufiler entre les blocs. Pour moi, c'était un vrai plaisir de les accompagner : le bateau m'assurait un chemin pour pouvoir respirer et me nourrir. Je vous rappelle que je suis un mammifère. Qui préfère l'eau, certes. Il n'en reste pas moins que je dois remonter à la surface pour respirer. Si tout est gelé, je l'ai dans le baba… Bref, le bateau s'est acharné durant trois semaines. Et, arrivé tout près du but, il s'est retrouvé coincé. Mais alors, vraiment coincé !

— Ils ont attendu que ça se débloque ? suggère Anyu.

— Non. Tu vas voir, cette chance qu'ils ont eue… Vers deux heures du matin, un brise-glace puissant comme un cachalot est sorti de la brume, venu ravitailler la base américaine scientifique de MacMurdo…

— Tu ne vas pas me dire que dans cette immensité, ce brise-glace est venu justement sous leur nez par pure coïncidence ! objecte Ulysse.

— Presque ! L'*Antarctica* a dû jouer un peu des coudes pour se mettre sur le chemin. Mais, coup de bol, il était déjà bien positionné ! Et il n'était pas le seul à suivre la voie ouverte par le brise-glace : un bateau scientifique italien et un bateau de ravitaillement l'ont imité.

— Moi, c'est à ce moment-là que je les ai rencontrés ! intervient le petit manchot. Avec les copains, on se fendait la poire à les voir s'énerver sur le pont.

— Ils ne s'énervaient pas, ils faisaient des batailles de boules de neige sur le pont ! précise la baleine.

— En tout cas, leur soulagement a été de courte durée, après leur libération par le brise-glace, reprend le manchot. Car lorsqu'ils ont voulu accoster, pas de quai évidemment… mais pas de terre non plus… que des plaques de banquise, très, très fragiles à l'horizon ! Après avoir longé le front de glace sur plusieurs miles, ils ont fini par débarquer tout leur matériel sur une plaque à peine accrochée à la côte.

— C'est pas des poules mouillées ! fait remarquer Cicuq, avec un grand sourire.

— Et en plus, c'était non loin de l'endroit où Shackleton avait lui-même débarqué en 1907 ! Une cabane toujours en bon état se trouvait non loin.

Elliot se charge de raviver les mémoires : ils ont déjà évoqué Shackleton en Géorgie du Sud où l'explorateur était venu chercher de l'aide, bravant la mer depuis l'île aux Éléphants, puis les montagnes, afin de sauver son équipage.

— Est-ce qu'ils voyaient le volcan depuis la mer ? s'informe Anyu.

— Avec son sommet qui dépasse les 3 700 mètres et ses éruptions explosives, ils ne pouvaient pas le manquer !

— Je rêverais de voir un volcan en activité, murmure Ulysse.

— Maintenant, allait commencer la phase montagnarde de l'expédition ! lance gaiement Elliot.

— Ils ont fait l'équivalent de la marche d'approche dans les ascensions himalayennes, avec deux scooters des neiges…

— Ah les fainéants ! raille Cicuq.

— Je te rappelle que la saison d'été antarctique est très courte, s'emporte Ulysse. Et aussi, que le but ne se résumait pas à accéder au sommet, mais à effectuer une mission scientifique. Avec ce que cela comporte de matériel lourd et encombrant !

Imperturbable, le manchot continue :

— Ils ont commencé l'ascension du mont Erebus. Ils ont monté des camps, cinq au total… Enfin, ils sont arrivés en haut du sommet, sur les bords du cratère !

Un superbe oiseau blanc, d'une envergure majestueuse, s'est posé délicatement sur le bras d'Ulysse. C'est un pétrel des neiges, qui dit calmement :

— Si vous le voulez bien, je vais reprendre l'histoire à ce point. C'est moi qui ai veillé sur eux à partir de là !

— On dirait un oiseau magique ! souffle Asiavik. Ses plumes sont si fines et si blanches. C'est féerique…

Si le pétrel des neiges l'a entendue, il ne le montre pas. Il s'installe et commence son récit :

— Votre père semblait soucieux lorsqu'il est arrivé sur le bord du cratère… Le volcan sortait juste d'une phase éruptive très intense et le lac de lave, qu'il comptait étudier, s'était beaucoup enfoncé. Il était maintenant quasi inaccessible ! Ils ont arpenté le cratère, ont entamé une descente… Mais, de toute évidence, une éruption volcanique pouvait reprendre à tout moment ! Terriblement déçu, il a pris la décision qui s'imposait pour éviter de risquer des vies : abandonner le projet réjouissant et puissamment stimulant d'approcher la lave et d'en faire des prélèvements. Quelle déception, mes amis !

— Alors, fini le programme scientifique de mesure du soufre, du chlore, et que sais-je encore ? s'indigne Elliot.

— Oh que non ! Ce serait mal connaître ton père que de croire ça, tu ne penses pas ? Il a fait appel à tout son sens pratique, et à celui de ses équipiers… Je n'ai pas tout de suite compris de quoi il s'agissait : ils faisaient des allers et retours incessants autour du cratère, avec des cordages, des nœuds de toutes sortes… Après de longues heures à les voir s'essouffler dans le froid et l'altitude, j'ai compris qu'ils avaient l'intention de faire descendre un dispositif qui leur permettrait de récupérer les précieuses inhalations issues du ventre de la terre !

— Malin ! remarque le chaman. Il me tarde de rencontrer votre père… Quel énergumène intéressant !

— Mais ce n'est pas tout : ils avaient planté tout autour du cratère des petites fioles bleues, têtes en bas… Que c'était joli ! En se vidant, grâce à un ingénieux système de goutte-à-goutte, ces petites fioles se remplissaient de l'atmosphère environnant le volcan.

— Parle-leur des cheminées de glace ! lui lance le manchot, Adélie,

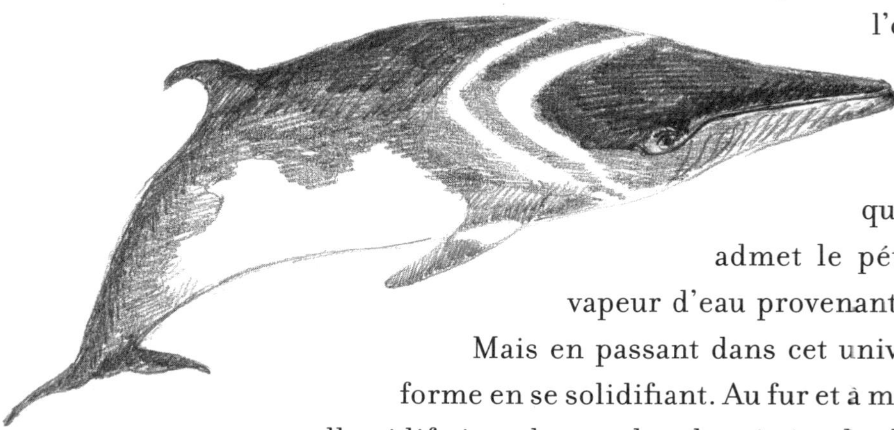

l'œil brillant. J'en ai entendu parler, mais je n'en ai jamais vu !

— C'est un phénomène qui m'a longtemps intéressé, admet le pétrel. Des résurgences de vapeur d'eau provenant du volcan s'échappaient. Mais en passant dans cet univers glacé, elles prenaient forme en se solidifiant. Au fur et à mesure qu'elles s'évadaient, elles édifiaient de grandes cheminées de glace, comme des vagues de glace sur lesquelles on aurait fait un arrêt sur image.

— Ça doit être magnifique ! s'émerveille Anyu.

— Et surtout très rigolo ! Lorsque tu en casses une, elle est creuse, évidemment, et de la fumée s'en échappe !

— Et pendant que les prélèvements suivaient leur court, de son côté, l'*Antarctica* subissait sa première prise sérieuse dans les glaces ! intervient la baleine. Une énorme plaque est venue serrer le bateau, la pression a continué. Tant et si bien que le bateau a fait ce qu'il était supposé faire, il s'est échappé par le haut, comme une savonnette que l'on presse ! Zwip !

— Il avait réussi son examen de passage pour faire un hivernage ! s'enthousiasme Cicuq.

— Tu peux le dire ! Un autre bateau aurait eu la coque enfoncée… Et bye bye ! retour vers la France, approuve le pétrel.

— Je dois dire que je continue à avoir un petit faible pour ce « bateau baleine » ! minaude la baleine.

Un plateau de petites brioches et de chocolat chaud dans les mains, Asiavik et Ulysse sont accueillis en sauveurs ! Malgré un soleil resplendissant, la température est restée bloquée à - 10 °C.

— Et ensuite, s'impatiente Anyu, que s'est-il passé ?

— Leurs mesures et prélèvements dignement faits, ils sont redescendus ! Mais pas n'importe comment : ils avaient disposé des kernes de glace tout au long de la montée…

— Lors des randonnées en montagne, pour indiquer le chemin, il y a des petits entassements de quelques grosses pierres, explique Elliot.

— Bref, ils sont redescendus sans encombre jusqu'à leur bateau. Mais je n'ai pas eu le cœur de les laisser là, ajoute le pétrel des neiges avec une voix douce. Alors, j'ai accompagné cette superbe goélette vers la plate-forme de Ross.

— C'était un beau spectacle, cette navigation le long d'une falaise de glace ! se souvient la baleine. Lorsqu'ils sont repartis vers des eaux plus chaudes, je n'ai pas résisté à l'envie de me montrer. Devant mon hardiesse, un équipier de votre père m'a même caressé le museau !

— Il faut dire que, en Antarctique, intervient le petit manchot confortablement installé entre Anyu et Elliot, les animaux voient si peu d'hommes et, surtout, subissent si peu la chasse qu'ils en oublient toute crainte.

— Qu'est-il ressorti des mesures faites durant l'expédition ? se renseigne Asiavik.

— Ils ont pu établir l'apport du volcan Erebus dans la composante en soufre et en chlore de l'atmosphère, rapporte Elliot. Et il est loin d'être négligeable ! L'Erebus est l'expression des forces de la terre où l'eau, la glace et le feu se côtoient. Seul témoin de la vie des profondeurs de la terre au-delà du cercle polaire, carrefour des eaux mondiales. On connaît les sources industrielles de pollution ; beaucoup moins les sources naturelles que sont les volcans…

— Sur ces bonnes paroles, bon vent, les amis ! les salue le pétrel des neiges.

Il s'envole dans un souffle et se dissout dans les airs. Le temps de tourner la tête vers le manchot et la baleine… ils ont à leur tour disparu.

Elliot et Anyu, songeurs, contemplent les volutes de nuages qui s'annoncent par l'est… Tandis qu'Asiavik est prise, bien malgré elle, dans la tourmente d'une bataille de boules de neige que Cicuq et Ulysse viennent de commencer.

CHAPITRE VIII

UN HIVERNAGE AU SPITZBERG

*Où l'ours revient dans le rôle du conteur,
où science et magie fraternisent,
et où il se confirme que même les plus intrépides
ne peuvent rien contre les éléments.*

– Je croyais en avoir terminé avec l'énergumène… Mais lorsque j'ai vu cet engin insensé s'enfoncer dans le fjord et se « tanquer » dans la banquise, j'ai compris qu'il était de retour !

L'ours n'a pas résisté à l'envie d'apporter, une fois encore, son témoignage aux deux fils de Jean-Louis Étienne. Ses rencontres fortuites dans les glaces avec l'explorateur polaire semblent beaucoup l'amuser.

Il fait un froid à faire tomber les moustaches d'un phoque. Pourtant, les enfants, fidèles à leur rendez-vous matinal, ont rejoint le chaman dans son igloo isolé sur la banquise. Les retrouvailles avec l'ours ont été très chaleureuses…

– Tu dis que ça se passait au Spitzberg, sur la côte ouest ? interroge Elliot, le nez dans ses cartes. Voyons voir… C'est la terre européenne la plus septentrionale… Ça y est, j'y suis !

ANTARCTICA
ANTARCTICA

– D'habitude, à cette époque de l'année, raconte l'ours, les bateaux, s'ils n'étaient pas déjà partis, fuyaient le plus rapidement possible. Nous étions fin septembre ! Et comme vous le savez, à partir du mois d'octobre, le soleil ne se lève plus de l'hiver… Dès que le petit homme chauve est apparu sur le pont, je l'ai reconnu !

– C'est de mon père dont tu parles ? fait Ulysse avec défiance.

– De qui d'autre ? Mais tu vois, finalement, je n'ai pas été étonné : après avoir tant souffert sur la banquise pour rejoindre le pôle Nord, il allait maintenant faire un voyage immobile au cœur de l'hiver… Se faire prendre dans la banquise signifiait qu'il hivernerait là. Autrement dit, qu'il était bloqué pour au moins sept mois… Mais que s'était-il encore lancé comme défi, cette fois ?

Ulysse le renseigne :

– En fait, il avait deux objectifs : effectuer un programme scientifique de mesures océanographiques…

– Et, complète Elliot, tester le bateau pour sa dérive transpolaire : une traversée de l'Arctique de part en part depuis le nord de la Russie jusqu'à l'est du Groenland. Vous vous souvenez que le bateau avait été construit dans ce but ?

– Moi, oui ! s'exclame Cicuq. L'*Antarctica* possède une forme bien particulière : un ventre très plat avec des flancs évasés, des dérives et un gouvernail rétractables, le tout pour éviter de se faire écrabouiller comme la *Jeannette*.

– Bravo ! le félicite Elliot. Cet hivernage a été un test grandeur nature de ce que le bateau risquait d'endurer s'il était pris dans un étau de glace. Chose inévitable s'il devait être enserré dans le courant de dérive qui traverse l'Arctique ! Des forces colossales sont en œuvre lorsque les plaques de glace se chevauchent.

L'ours donne à Qilaq une bourrade qui le déséquilibre.

– J'en étais sûr ! dit-il, ravi. Encore une idée infernale. Je ne sais pas si votre père connaissait l'hiver arctique, mais ils ont été servis : une fois la nuit polaire complètement installée, ils ont passé le premier mois dans un vent d'une vitesse de trente nœuds. Dans ces conditions, leur - 25 °C correspondaient à - 60 °C. Lorsqu'ils sortaient sur le pont du bateau, ils ne tenaient même pas debout !

– Ça, on connaît bien, nous les Inuits ! lance Cicuq.

– Il n'y a eu aucune accalmie durant cet hiver ? s'inquiète Asiavik.

– Si. Au début du mois de décembre, il a même fait 1 °C. Ce fut d'ailleurs un sacré chantier dans le bateau ! Toute la condensation de leur respiration, de leurs activités de cuisine, de leurs douches, et que sais-je encore, s'était insinuée dans chaque interstice des aménagements intérieurs du bateau et y avait gelé. Du coup, lorsque le redoux est arrivé, il s'est mis à pleuvoir dans le bateau. Quelle pataugeoire là-dedans !

L'ours part d'un grand éclat de rire. Puis, s'étant ressaisi :

– À la première accalmie, ils sont quand même sortis faire un trou dans la glace pour commencer leurs travaux d'observations scientifiques et ils ont remonté un filet plein de copépodes. Ce sont de minuscules crustacés qui mangent le phytoplancton, les micro algues qui se développent dans la mer. Puis ils servent à leur tour de plat de résistance aux poissons, aux crevettes et aux oiseaux de mer. Il y en a dans tous les océans du monde. Enfin, dans ce cas, le sujet de recherche était de savoir ce qui se passait pour ces copépodes durant l'hiver glacial polaire, sans aucune lumière. Autrement dit : allaient-ils survivre ?

– Et ? s'intéresse le chaman.

– Ils ont refait des prélèvements à la fin de l'hivernage, explique Elliot. Non seulement les copépodes étaient toujours nombreux et vivaces, mais ils avaient même trouvé le moyen de se reproduire et donc d'augmenter leur population !

– La vie, quand même, quelle force! commente l'ours. Mais tu ne m'ôteras pas de la tête que l'hiver est fait pour hiverner. Un

point, c'est tout !

– Ne t'énerve pas ! réplique Ulysse. C'est ce qu'ils faisaient, non ?

– Je te parle de dormir, pas de se traîner comme des limaces ! insiste le plantigrade. Ils ont bien essayé de lutter… Mais ils n'étaient pas frais le matin, ils se levaient de plus en plus tard…

– Parce que t'étais là, toi ? Tu ne dormais pas ?

– J'étais un jeune ours plein de vigueur, et leur odeur de cuisine me chatouillait les narines… Tu comprends ?

– Tu es trop fier pour en parler, l'ours, mais c'est un vrai problème pour vous, le réchauffement climatique ! Bien que vous soyez très à votre aise dans l'eau…

– Je peux nager des centaines de kilomètres, affirme crânement l'ours.

– Il n'empêche que tu ne peux pas rivaliser à la nage avec le phoque… ton plat préféré ! Tu es obligé de guetter les trous dans la banquise, par lesquels les phoques viennent régulièrement respirer. Et là, le moindre bout de museau qui dépasse, tu lui flanques un coup de patte… et l'affaire est réglée !

– Tu t'y connais p'tit gars !

L'ours tapote affectueusement le crâne du garçon, qui grimace de douleur.

– Garde tes câlins, l'ours ! Ou plutôt, laisse-moi t'en faire…

Ulysse se rue dans la fourrure épaisse et chaude du ventre de l'ours.

– Je rêvais de faire ça depuis un bon moment ! Mais revenons à nos oursons : pour toi, pas de banquise, pas de festin !

– Bon résumé ! D'ailleurs, l'été, je diversifie mon alimentation…

– Qu'est-ce que tu manges ?

– Des renards, parfois des oiseaux, et des baies !

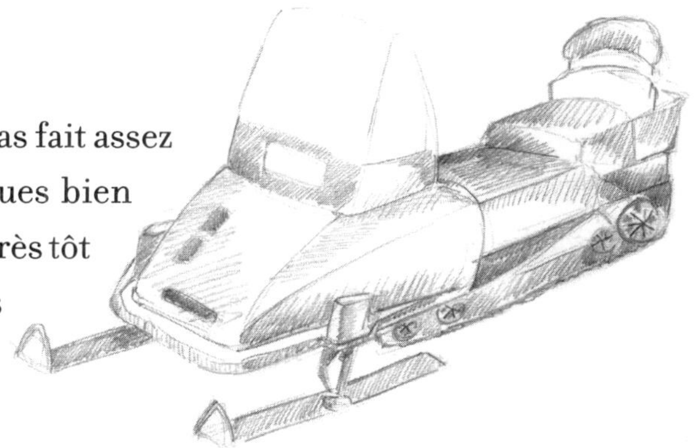

– Très diététique, rigole le chaman.

– N'oublions pas que si une maman ourse n'a pas fait assez de réserves, si elle n'a pas assez mangé de phoques bien gras, elle manque de lait. Elle est obligée de sortir très tôt de sa tanière, exposant prématurément ses petits au froid et à la faim.

– C'est un peu ce qui t'était arrivé, non ? l'interroge le vieux chaman. Si tu traînais autour du bateau alors que l'hiver n'était pas terminé, c'est que ton ventre criait famine. Je me trompe ?

– Exactement. Je ne faisais rien de mal et je ne voulais pas faire peur à l'équipage. Mais, un jour, des chiens sont arrivés sur le bateau et, chaque fois que je pointais ma truffe, ils se mettaient à gémir comme des marsouins qu'on dépèce !

– Ils étaient là pour ça, prévenir de l'approche d'un ours ! fait remarquer Elliot. Comment être sûr, dans cette obscurité, de ne pas tomber sur toi ou un de tes congénères ?

– Et tu crois que ça ne me mettait pas les nerfs en pelote, à moi, les grincements furieux que la glace faisait sur la coque du bateau ? Et je ne parle pas du vent dans les haubans : quelle calamité ! Et puis, des ours, ils y en avaient depuis le début qui rôdaient autour d'eux. Leur « bateau refuge » hivernait juste à côté d'une cabane de trappeurs, des phoques y étaient suspendus chaque hiver. On aurait dit qu'ils étaient là pour nous narguer ! Et, lorsque dans la tempête, certains venaient à se décrocher, quel festin inattendu ! Sinon, on se contentait de lécher la graisse odorante qui coulait sur la banquise.

– Bref, lorsque la banquise fond, ton territoire de chasse s'amenuise, conclut Anyu.

– C'est ça. Mais revenons à notre récit. Votre père a eu une chance incroyable : un soir qu'il rêvassait à l'avant du bateau, une aurore boréale de toute beauté est apparue dans le ciel… Ce sont des moments irréels ! Nous avons l'habitude de dire que l'esprit des anciens nous rend visite. Mais aujourd'hui que j'en suis un, je n'en suis plus si sûr… Il n'y a bien qu'avec toi que j'apparais, Qilaq ! Et malgré toute ma bonne volonté pour produire un quelconque effet sur les vivants, il ne se passe absolument rien… Toi, Elliot, donne-moi ton avis sur ce phénomène.

– Je regrette de te le dire, mais, en effet, les esprits n'ont rien à voir là-dedans. Les aurores boréales sont la conséquence d'une forte éruption de soleil, qui embrase l'atmosphère dans la région des pôles magnétiques, Nord et Sud en même temps.

– Vos sciences ont réponse à tout, mais ne laissent plus beaucoup de place pour les songes, répond l'ours dans un soupir.

– Désolé ! fait Elliot.

Ils se regardent longuement… L'ours, nostalgique d'un temps où les légendes répondaient aux questions des humains. Le garçon, empêtré de tout ce savoir qui le privait, sans doute, d'une part de rêve…

Gêné par le silence, Cicuq relance l'ours :

– En tout cas, tu leur a mis une sacrée frousse, aux habitants du Spitzberg !

– Eh, oui ! Ils ont été obligés de sortir systématiquement armés de leur carabine… Mais j'ai une belle histoire pour vous ! Un jour, ma faim était si tenace, que je faisais le siège de la cabane qui côtoyait le bateau de votre père. Le trappeur venu s'y réfugier avait tout essayé : coups de feu, cris, complaintes… Je revenais toujours à la charge. Alors, il a entrouvert une fenêtre… La main tremblante, il m'a tendu une cuillère avec, dedans, une boulette noire, plutôt moche… mais dégageant un de ces parfums ! Un pruneau. Constatant que j'appréciais, il m'en a offert d'autres. J'ai fini par m'éloigner… et il a pu s'enfuir.

Bouches bées, les enfants dégustent la magie de l'instant. Ils mesurent leur chance : sans l'intervention du chaman, ils n'auraient jamais connu ces très rares moments de félicité où les espèces fraternisent.

Cicuq, une fois encore, rompt le charme :

– Mais il faisait déjà jour à ce moment-là ? Quand le soleil s'est-il levé ?

– Bien avant que le soleil ne passe par-dessus l'horizon, à la fin janvier, ils ont commencé à deviner la cime des montagnes... Puis chaque jour, un peu plus. Même si le soleil restait encore caché, ses rayons se reflétaient dans l'atmosphère et une ambiance d'aube perdurait toute la journée...

– Tu nous dis quand ? s'énerve Ulysse.

– Après une si longue nuit, l'impatience de ton père dépassait la tienne, s'amuse le chaman.

– Le 13 février... Le soleil est revenu ! lâche enfin l'ours. Et deux mois plus tard, le jour est devenu permanent. Le soleil s'est mis à tourner au-dessus de leurs têtes, mais sans jamais se coucher. Le bateau ne s'est pas dégagé de la glace de sitôt, poursuit l'ours. Dans un premier temps, ils en ont profité pour intensifier leurs travaux scientifiques, avec des prélèvements assez éloignés du bateau. Il faut croire qu'ils ne me craignaient plus. En tout cas, je les intéressais toujours autant. Je leur ai d'ailleurs exécuté de petites chorégraphies de mon cru : roulades suivies de plongeons dans l'eau glacée, petits pas de danse et autres entrechats...

– Tu ne te vantes pas un peu ? lance Anyu.

– Je ne suis pas le balourd que tu t'imagines ! Et comme ils me filmaient, j'ai donné le meilleur de moi-même !

La confidence de l'ours provoque un éclat de rire général. Encouragé par son succès, le plantigrade poursuit :

– Ces ingrats se sont lassés ! Ils sont entrés dans la phase dite d'impatience : ils voulaient se sortir de cette emprise au plus vite. Ils se croyaient

plus forts que les éléments, et ils ont commencé à tailler la glace à la barre à mine et à pousser du moteur. Quelle rigolade ! Ce fut leur dernière leçon : l'apprentissage du temps. D'ailleurs, le 1er mai, il a fait - 20 °C et le bateau s'est de nouveau complètement immobilisé ! C'était à se faire pipi sur le poil des pattes ! Avec leur « bateau baleine », ils se sont démenés comme des orques en rut. Et que je monte sur la banquise – mais la plaque qui entourait le bateau était solide comme un roc, elle ne s'est pas laissé démonter comme ça ! L'*Antarctica* partait en glissade telle une grosse luge... Les enfants, quelle bataille ils ont livré !

– Peut-être qu'après une si longue inactivité, ils saisissaient une occasion de s'occuper ! suggère Asiavik.

– En tout cas, ils ont eu beau faire... Ils ne sont ressortis que le 5 juin !

– Et le bateau, avait-il fait ses preuves ? se renseigne Cicuq.

– Pour sûr ! Il est reparti comme si de rien n'était... Il a montré qu'il était capable de subir un hiver au pôle Nord et de résister aux contraintes colossales des déplacements de plaques de banquise.

L'ours a fini son récit. Les enfants comprennent qu'ils ne le reverront plus. Tous, ils se jettent entre ses pattes, pour profiter de la chaleur accueillante de sa fourrure.

Et entre ces petites mains caressantes, tout doucement, l'esprit de l'ours, heureux, s'évanouit.

• *Lieu d'hivernage d'*Antarctica

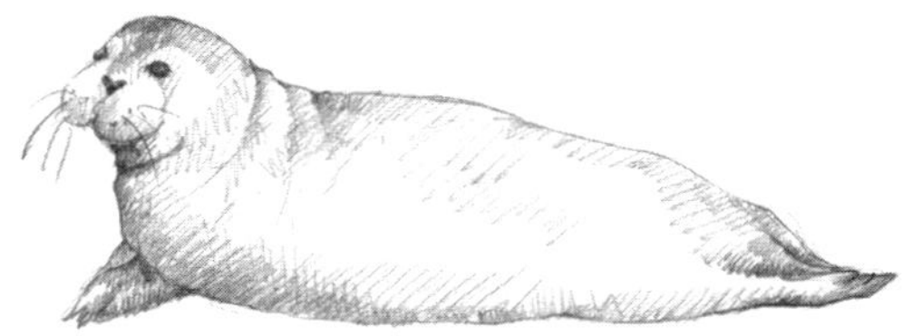

CHAPITRE IX

MISSION BANQUISE : UN VOYAGE IMMOBILE

Où un phoque marbré décrit un habitacle futuriste,
où un chien imprudent échappe de peu à la mort,
et où l'on devient incollable sur la dérive de la banquise.

Le printemps semble enfin s'annoncer à Resolut Bay. La banquise commence à se disloquer. Aussi Qilaq, le chaman, n'a-t-il pas souhaité que les enfants viennent le rejoindre dans son igloo.

Anyu s'impatiente :

— Mais enfin, Qilaq... Si nous devons attendre que les petites brioches d'Ulysse soient levées et cuites, nous ne commencerons pas la prochaine aventure avant cet après-midi !

— Quand il a cet air, je crois que rien ne peut le faire changer d'avis ! dit Cicuq, fataliste.

Ulysse et Qilaq se regardent intensément.

— Et qu'est-ce que vous avez, tous les deux, à vous regarder en chiens de faïence ? s'exaspère Elliot.

— Rien, bougonne Ulysse.

Puis, s'adressant au chaman :

— J'avais faim, c'est pas un drame !

— Qu'est-ce que c'est que cette histoire ? s'inquiète Anyu.

— J'ai mangé les brioches qui restaient dans sa réserve...

Asiavik se lève, furieuse.

— C'est pas vrai ! Dites-moi que je rêve !

Quelques minutes plus tard, elle revient... avec des brioches !

— Je savais que l'un de vous en avait encore ! dit le chaman, ravi. On va pouvoir commencer.

Un gros phoque marbré fait bientôt son apparition sur le tapis.

— Étrange comme matière...

Ce sont ses premiers mots, qu'il prononce en se traînant péniblement.

— Comme la cabane de votre père... On aurait dit un bilboquet ou une capsule spatiale !

— Voilà une information importante ! jubile Elliot. Il s'agit donc de l'expédition de dérive arctique, que notre père devait normalement faire avec son bateau *Antarctica*.

— Pourquoi « devait » ? s'exclame Cicuq, déçu.

— Parce que la conjoncture... commence Elliot.

— Il n'avait plus d'argent pour le faire fonctionner, le coupe Ulysse. Il a dû le vendre.

Un silence de plomb tombe, brisé par le gros phoque :

— Je vous rassure ! Il a très bien réussi son expédition... mais à bord de sa capsule futuriste ! Il s'est fait déposer au pôle Nord en avril 2002, si ma mémoire est bonne...

— Il était seul, cette fois-ci ? demande Anyu.

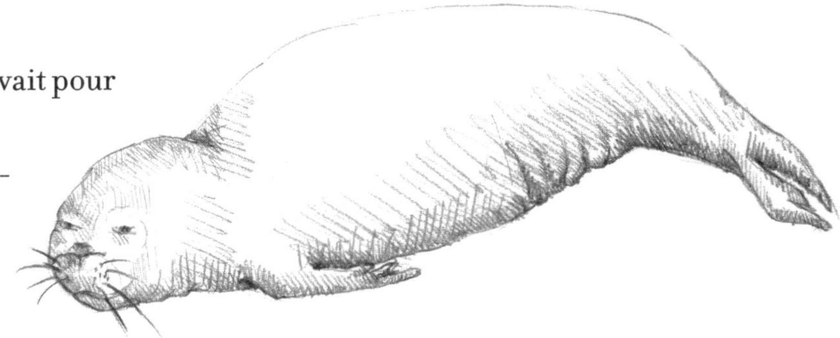

— Oui. Enfin pas exactement : il avait pour compagnie un chien, Lynet.

— Ça signifie « éclair » en norvégien, traduit Asiavik.

— Mais toi, le phoque ? Qu'est ce que tu faisais tout seul au pôle Nord ? questionne Ulysse.

— Je suis un solitaire. J'ai passé l'âge de me reproduire, alors je vais là où me conduisent les courants… Et puis, j'ai toujours rêvé de passer au pôle, une fois dans ma vie ! Mais, revenons-en à votre père… Son habitacle minuscule semblait bigrement bien conçu, avec des panneaux solaires tout autour. Je vous rappelle que le jour est permanent à cette période, donc les panneaux solaires devaient avoir un fameux rendement ! Par ailleurs, d'après ce que j'ai pu en voir, les murs étaient extrêmement épais et assuraient une très bonne isolation. Votre père emportait aussi du gaz naturel, pour la cuisson de la nourriture, et une autre machine invraisemblable…

— Une pile à hydrogène ! lance Elliot.

— C'était une vraie demeure du futur ! s'enthousiasme le chaman. Presque pas besoin d'énergie et, en plus, utilisation d'énergie propre. Qu'est-ce qu'il s'amuse, votre papa !

— Il avait appelé cette capsule, aux allures spatiales, *Polar Observer*, dit Elliot, songeur. Il avait même prévu qu' elle reste insubmersible si une faille s'ouvrait sous la capsule, et que celle-ci tombait à l'eau !

— Et ce n'est pas tout, reprend le phoque. Il s'est installé un camp avec tout un tas d'appareils de mesure. C'était quelque chose !

— Tu te souviens de ce qu'il faisait ?

Le phoque plisse ses beaux yeux humides.

— Il avait une sorte de fusil qu'il dirigeait vers le ciel…

Devant l'air ahuri de Cicuq, Elliot se fend d'une explication :

— Cela servait à vérifier la couche d'ozone. Tu sais, la couche de gaz qui entoure la Terre à environ trente kilomètres, donc très loin dans l'atmosphère, et qui filtre les rayons ultraviolets toxiques. Notre peau est incapable de se défendre seule contre ces rayonnements. Sans la couche d'ozone, nous développerions des cancers de la peau.

— On en a surtout parlé lorsque les chercheurs ont découvert un trou dans cette couche en Antarctique, ajoute Ulysse.

— Aujourd'hui, nous savons que le même phénomène se produit en Arctique, complète son frère.

Le chaman hoche pensivement la tête.

— Un prélèvement que j'aimais bien était celui du pollen, dit le phoque.

Cette remarque incongrue soulève l'hilarité générale.

— Parfaitement, bande d'ignares ! dit le phoque, vexé.

— Enfin, il n'y a pas de petites fleurs, au pôle Nord. Tu dois te tromper ! le contre Asiavik.

— Non, mais le pollen est transporté par les courants aériens. L'étude de la provenance de ces pollens nous renseigne sur le trajet que font les masses d'air. Et toc !

Tous restent stupéfaits. Même Elliot est sous le charme. Très content d'avoir mouché cette bande de sapajous prétentieux, le phoque poursuit son exposé :

— Il a fait aussi d'autres travaux de mesures. Il avait un curieux rituel : deux fois par semaine, il s'évertuait à garder accessible un trou dans la banquise afin d'en extraire les rares êtres vivants sous cette chape glacée. Essentiellement, des copépodes et quelques krills.

— Encore ces bestioles ! s'exclame Cicuq.

CARTE DE L'ARCTIQUE

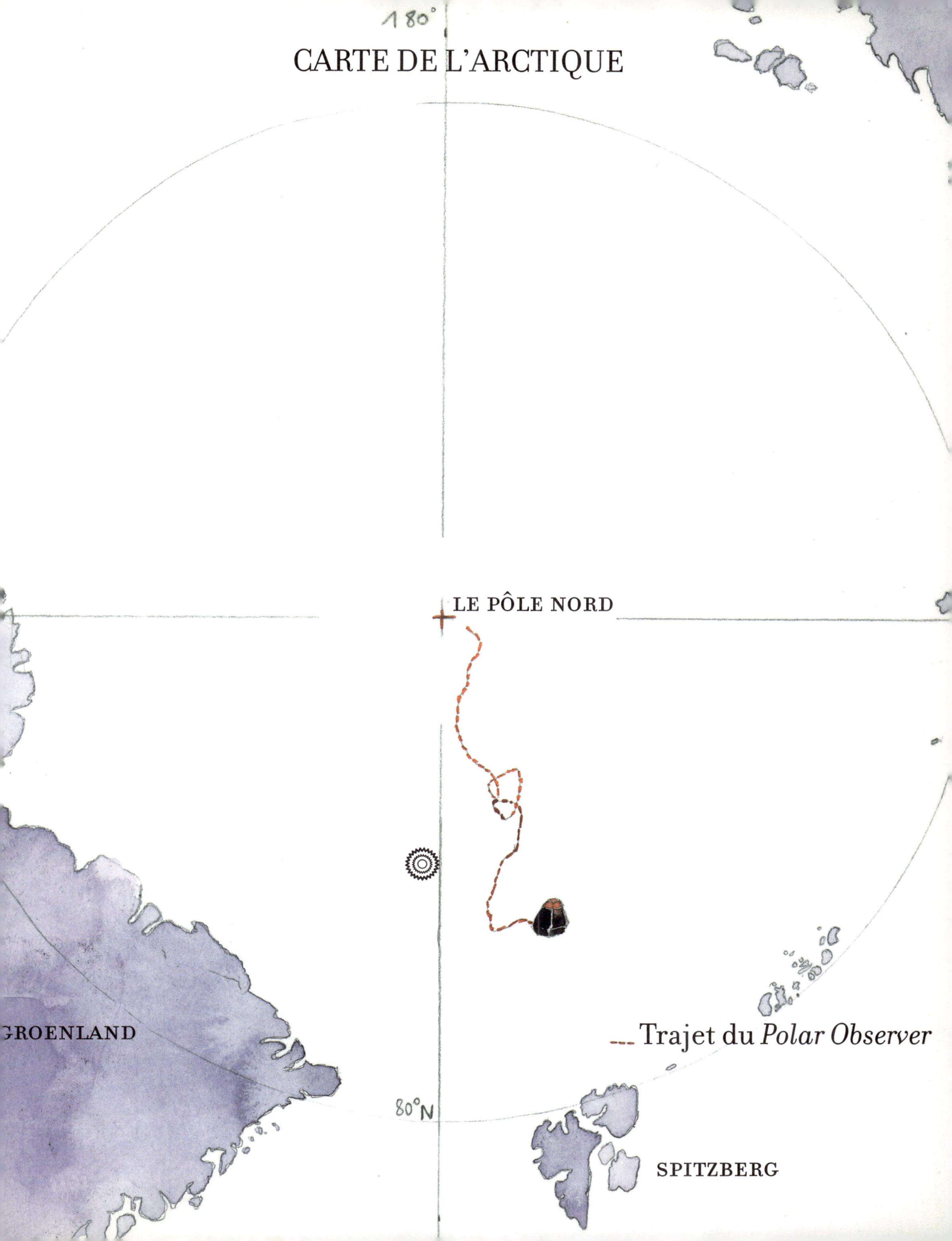

— Il plongeait aussi un instrument qu'il descendait puis remontait durant une vingtaine de minutes… Crois-moi qu'à cette température c'était un exploit !

— Si mes souvenirs sont exacts, explique Elliot, cet instrument était une CTD qu'il plongeait par huit cents mètres de fond… Elle mesure la salinité et la température de l'eau, ce qui permet d'identifier la provenance des courants marins profonds. On se rend ainsi compte que l'océan est un véritable millefeuille de masses d'eau différentes. Je crois que les chercheurs s'attendaient à ce qu'il y ait des courants chauds remontant jusqu'au pôle Nord…

— Et c'était le cas ? questionne le chaman.

— Je ne sais pas, mais mon père, lui, n'en a pas eu la trace lors de ces relevés.

En explorant tranquillement la pièce, le phoque tombe nez à nez avec une peau… de phoque ! Sans paraître s'en offusquer, il élit ses quartiers sur la matière familière.

Qilaq, comme à son habitude, ne semble se rendre compte de rien et reprend le fil de la conversation :

— Mais dis-moi, le phoque, leur père t'a-il repéré ?

— Évidemment ! Tu penses bien qu'il s'est promené durant les trois mois qu'a duré son périple. Je me souviens qu'après m'avoir vu, il en avait déduit qu'il devait y avoir à manger sous cette foutue banquise. Il s'est donc mis à pêcher. Quelle rigolade ! Il était fort équipé… Mais il n'a pas fait une seule prise ! Et pourtant, gras comme j'étais, je peux te promettre que des bancs entiers de morues passaient à la casserole vite fait, bien fait ! Tu sais comme ces poissons sont si peu belliqueux !

ajoute le phoque à l'intention du chaman.

Tous deux s'amusent comme larrons en foire.

Elliot et Ulysse commencent à perdre patience. Anyu, qui l'a remarqué, intervient :

— Et le chien ? Tu as eu des contacts avec lui ?

Le phoque redevient d'un coup très sérieux.

— Je dois vous raconter un épisode dont je ne suis pas fier, croyez-le bien… Un jour, alors que votre père effectuait une petite navigation dans les chenaux d'eau libre, je suis venu narguer Lynet, qui couvait des yeux son maître inaccessible. Je ne sais pas ce qui lui a pris… Peut-être que la vue de mes moustaches lui a fait croire que nous avions quelques caractères en commun ? Toujours est-il qu'il s'est jeté à l'eau. Il a d'abord essayé de rejoindre votre père dans sa petite embarcation de fortune. Cependant, très vite surpris par la température de l'eau, il a fait demi-tour. Mais là, catastrophe, les bords de la banquise étaient tellement hauts et glissants qu'il n'arrivait plus à se hisser à l'extérieur…

— Quelle horreur ! s'exclame Asiavik, compatissante.

— La température de l'eau était comme à son habitude de - 1,8 °C. Très vite, les mouvements de Lynet se sont ralentis, comme s'il se trouvait pris dans de la glu !

— Qu'a fait notre père ? le presse Ulysse.

— Il a tout de suite compris qu'il fallait que Lynet sorte dare-dare de cet étau glacé, sous peine de mourir. Il s'est rapproché le plus vite possible, tout en lui lançant des cris d'encouragement. Mais il se trouvait assez loin, et la scène se déroulait à une extrême rapidité. Lynet se débattait pour survivre. Il eut la présence d'esprit de se présenter devant un bord moins élevé de la banquise, mais

celui-ci céda sous son poids...

L'émotion fait venir les larmes aux yeux d'Anyu.

— Ne me dis pas que ce chien est mort comme ça, sous vos yeux ? s'écrie-t-elle.

Le phoque, non moins troublé, frémit des moustaches.

— J'ai moi-même vraiment cru que c'était fini... Lorsque, toutes griffes dehors, le chien a effectué un dernier saut sur la berge fragile. Elle s'est une fois de plus brisée sous son poids. Mais là, au lieu de retomber, ses pattes se sont mises à exécuter des mouvements furieux pour s'agripper... Un dernier coup de rein, et il s'en est sorti. Mouillé, glacé, épuisé, mais vivant !

— Hourra ! lancent en chœur les enfants.

Anyu essuie une petite larme. Elliot l'entoure de ses bras protecteurs, étonné de sa propre audace.

Le phoque marbré laisse retomber la tension, puis reprend :

— Lynet a eu de la chance, mais cela n'a pas été le cas d'un petit bruant des neiges... On trouve habituellement ce petit oiseau sur les pourtours de l'océan Arctique. Il était là très loin de chez lui. Mais surtout épuisé et mourant de faim.

— Que lui est-il arrivé ? s'intéresse Cicuq.

— Lynet a été formidable : il l'a laissé picorer dans sa nourriture. Votre père l'a mis à l'abri. Mais cela n'a pas suffi et le lendemain, il était mort...

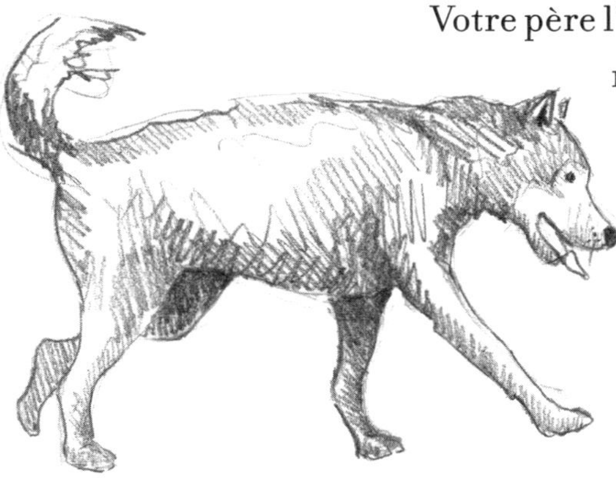

Cette fois, Anyu et Asiavik pleurent à chaudes larmes, toutes deux dans les bras d'Elliot. Ulysse et Cicuq se regardent, l'air penaud. Le chaman, jamais à court de diversions, propose qu'on fasse une pause... Pour mettre les petites brioches au four, bien sûr !

Le temps que tous se dérouillent les jambes, et que le plateau de viennoiseries tant convoitées par le chaman soit sur la table, le phoque s'est assoupi.

— Mon ami ! Nous attendons la suite, demande le chaman en le caressant.

Le mammifère marin soupire d'aise, change de position… et se met à ronfler !

— Un ours ! crie Ulysse.

Saisi de spasmes, le phoque se redresse tant bien que mal et pose sur le garçon son regard vitreux. Puis, reprenant ses esprits, il se laisse choir comme une grosse limace.

— Où en étais-je ? balbutie-t-il.

— La dérive du *Polar Observer* avec notre père à son bord, lui chuchote Ulysse.

— Oui… Bien. Parlons-en, de la dérive ! Comme je vous le disais, la banquise effectue un voyage silencieux de la Sibérie vers le Groenland, portée par les courants marins. Et, cette année-là, avec votre père dessus. Il se trouve que vers le mois de juin, une énorme tempête, venue du sud, s'est levée. Impossible de sortir faire des prélèvements ni quoi que ce soit d'autre, d'ailleurs…

— Et Lynet ? s'alarme Anyu.

— Quoi, Lynet ? J'apprécie ton amour pour les animaux. Mais enfin, Lynet, en bon chien de traîneau, supportait très bien de rester dehors ! Inquiet malgré tout, Jean-Louis Étienne lui avait construit une niche. Et devine ce que Lynet en a fait ?

— Il a fait pipi dedans ! s'amuse Cicuq.

— Ah ! c'est malin ! Lynet ne voyait pas à quoi cette niche pouvait servir. Votre père a bien essayé de lui montrer en se mettant lui-même dans la caisse, mais Lynet se mettait

à hurler à la mort. Jamais il n'a mis une patte dedans ! Au plus fort de la tempête, le bougre dormait dessus, c'est vous dire !

Rassurés, les enfants s'offrent une bonne tranche de rigolade.

— Par contre, ce qui n'a pas fait rigoler votre père, c'est cette foutue tempête, précise le phoque. Non parce qu'elle durait. Ça, dans le fond, il suffisait de faire preuve de patience. C'est l'inversion de la dérive qui le préoccupait. Lui qui pensait que la banquise était principalement entraînée par les courants marins, il a pu se rendre compte que les vents avaient eux aussi une influence sur son trajet.

— Malgré le peu de prise au vent qu'offre la banquise ? interroge Elliot, sceptique.

— Tu oublies les crêtes de compression ! Elles peuvent atteindre trois à cinq mètres de hauteur. Déjà une belle voilure, tu ne crois pas ?

— Je ne comprends pas ces histoires de prise au vent ? dit timidement Anyu.

— Un bateau prend de la vitesse grâce à ses voiles, explique Ulysse. Parce qu'elles offrent ce qu'on appelle une prise au vent. Dans le cas des crêtes de compression, elles sont l'obstacle contre lequel le vent vient buter, poussant donc les plaques de banquise.

L'air perplexe, Elliot intervient :

— Je vois… Grâce à son GPS, il a réalisé que cette tempête du sud était en train de faire remonter sa capsule à la vitesse grand V, vers le pôle Nord !

Réalisant les implications, le garçon monte d'un ton :

— Et le plus grave, c'est qu'un brise-glace devait venir le chercher, mais ne pouvait pas monter au-delà d'une certaine limite !

Le phoque s'emploie à calmer son inquiétude :

— La tempête s'est arrêtée… Il est reparti dans le bon sens, comme tu le sais, puisque…

— Je suis venu le chercher ! hurle Elliot euphorique.

— Et oui ! Tu étais vraiment un bébé dans les bras de ta maman, mais tu y étais.

— J'avais sept mois !

— Ils ne sont pas nombreux ceux qui peuvent se vanter d'être allé si jeune au pôle !

Les enfants, ravis d'avoir un prétexte pour se défouler, sautent tous sur Elliot. Cela donne un amas de bras et de jambes qui s'agitent en tous sens.

Tandis que le phoque se rapproche du chaman pour lui glisser quelques mots à l'oreille avant de disparaître :

— Drôlement à vif, les petits, aujourd'hui ! Il n'aurait pas fallu que Lynet se blesse ! Pour un peu, j'aurais été responsable…

— Va en paix, le phoque, répond Qilaq. Tu as fait du bon boulot !

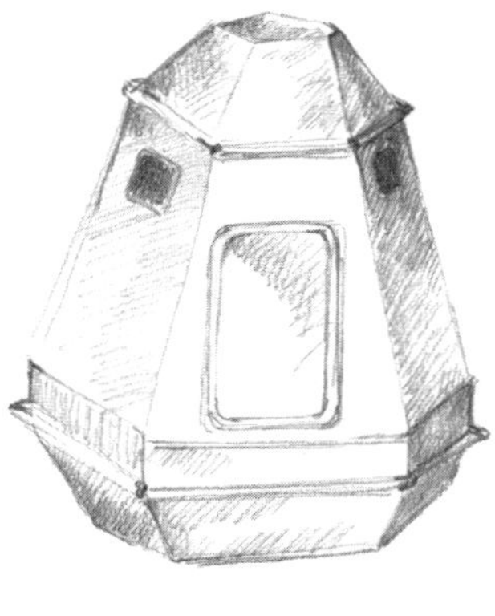

CHAPITRE X

À CLIPPERTON, DES ROBINSONS SAVANTS

Où l'on rencontre des fous de diverses natures,
où l'on échappe à un tsunami,
et où l'on découvre un trou sans fond… mais pas de trésor !

Elliot et Ulysse croyaient parfaitement connaître les expéditions de leur explorateur de papa. Pourtant les versions que les différents animaux sont venus leur conter leur ont donné une approche beaucoup plus concrète de chaque aventure. À tel point qu'ils semblaient avoir oublié le but de la manœuvre : retrouver leur père.

Pour l'heure, ils participent à une course de chiens de traîneau. Ulysse et Cicuq dans l'un, les inséparables Anyu et Elliot dans un autre, avec Asiavik en fervente supporter.

Qilaq le chaman doit les retrouver en fin de parcours…

— Quelle journée, mes amis ! s'écrie Ulysse à peine la porte de la maison franchie.

— J'ai là quelqu'un qui vous attend depuis un bon moment ! répond le chaman.

Il désigne la sterne arctique, posée sur l'épaule.

— Quel oiseau délicat ! s'exclame Anyu.

— On dirait de la dentelle, tant ses plumes et son bec sont fins, dit Cicuq en s'approchant de plus près.

— Comme tu as changé, Ulysse ! murmure la sterne.

— On se connaît ? s'étonne le garçon.

— Tu étais un beau bébé joufflu qui faisait ses premiers pas, la dernière fois que je t'ai vu…

Ulysse, ahuri, inspecte l'oiseau, sous toutes les coutures, cherchant un indice.

— Mais, de quoi parles-tu ? Tu es un oiseau migrateur polaire qui a la particularité d'aimer les pôles, Nord et Sud, à tel point que tu fais sans cesse le trajet de l'un à l'autre. Paradoxalement, tu recherches l'été dans chacun d'eux, mais ce n'est que pour y trouver du froid, puisqu'il n'y fait jamais chaud, même en été… Tu mens, ma belle, nous ne nous sommes jamais rencontrés !

— En es-tu bien sûr ? rétorque calmement la sterne.

— Mais oui, pour la bonne raison que je ne suis jamais allé dans les régions polaires. Tu dois confondre avec Elliot…

Soudain, le garçon a un éclair :

— À moins que, sur ton trajet, tu ne te sois arrêtée à…

— Clipperton ! crient les deux frères d'une seule voix.

Et attrapant la sterne pour la serrer dans leurs bras :

— Mais oui, tu y étais !

— Eh ! les gars, vous nous expliquez ? s'indigne Asiavik.

— Commençons par le commencement ! décrète l'oiseau. Clipperton est un atoll corallien désert et très isolé, situé dans le Pacifique, au

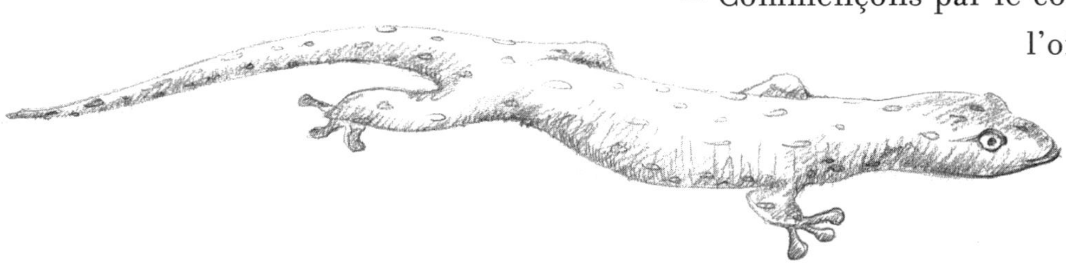

large du Mexique. Ces deux minous — qui sont priés de me reposer, maintenant ! — y ont débarqué à Noël 2004 avec leurs parents. Ces derniers avaient monté une expédition de recensement de la faune et de la flore. Une quarantaine de chercheurs se sont relayés sur cette île dont l'écosystème reste assez méconnu, du fait de son éloignement.

— Tu oublies de dire que l'île est française, ce qui explique qu'elle soit ainsi laissée à l'abandon, précise Elliot. Un océan et un continent la séparent de notre pays où elle est, par ailleurs, parfaitement inconnue, excepté peut-être par quelques rares passionnés dont notre père fait partie.

Afin d'illustrer ses propos, le garçon a une fois de plus sorti une de ses cartes : celle de Clipperton. Chacun peut apprécier le petit confetti perdu au milieu de l'océan, loin de toutes terres habitées.

— Clipperton possède une autre particularité qui explique qu'il ne soit pas habité : c'est un atoll fermé. Ce qui a pour conséquences, d'une part, que les bateaux ne peuvent venir s'y abriter, d'autre part, qu'il est très difficile d'y débarquer.

— Mais pourquoi ne pas accoster par la plage, comme dans tout bon film de pirate ? s'exclame Cicuq, passionné.

— Au milieu de l'océan, la houle, les vagues si tu préfères, font, même par temps calme, des creux de trois mètres ! Mais là n'est pas le pire : l'anneau corallien qui entoure l'île constitue un barrage infranchissable.

— Alors, comment se sont-ils débrouillés ? interroge Asiavik.

— Ils ont tourné autour durant un bon moment, raconte la sterne. Il n'en menait pas large, votre père : embarquer tous ces gens et tout ce matériel au bout du monde… pour se voir refuser l'accès ! Déconfit,

il a décidé d'envoyer un de ses marins en plongée, pour voir s'il n'y avait pas un passage.

— Mais oui, tu as raison, la coupe Elliot. Au bout de quatre heures de plongée, Janot, le plongeur, a fini par découvrir une entaille dans le récif, permettant à un Zodiac de passer. Mais seulement à marée haute. C'est dire si c'était juste !

— Exact ! Ce qui suivit relève du grand folklore ! Voyant qu'ils allaient mettre un temps inouï à tout débarquer, le charpentier venu pour construire les cabanes, a décidé de balancer le bois à la mer et de laisser le courant se charger de transporter le tout sur le rivage !

— Génial ! approuve Cicuq.

— Tu ne crois pas si bien dire ! Une fois arrivés, les gars avaient une idée bien précise de l'endroit où ils voulaient passer les quatre prochains mois : la cocoteraie ouest.

— Parce que ça a duré quatre mois ! s'émerveille Anyu, qui couve Elliot des yeux.

— C'est un travail sérieux qu'on a fait là-bas ! confirme le garçon d'un ton grave.

— Tu parles comme si tu avais participé aux travaux de recherche ! se moque son frère.

— Non. Mais j'ai fait des visioconférences toutes les semaines avec ma classe, moi, monsieur !

— Bref ! les interrompt la sterne, comme le bois n'était pas venu s'échouer à l'endroit prévu pour la construction du camp, ils ont fabriqué un radeau avec les planches, ils y ont planté un mât, un morceau de tissu en guise de voile... Et zou ! ils ont traversé le lagon intérieur.

— Ça commence bien ! s'enthousiasme Cicuq.

— Il y avait une ambiance du diable : petits gueuletons au feu de bois et musique tzigane. Ils avaient envahi la cocoteraie avec leurs hamacs. Et la journée, mes amis, ça ne chômait pas : vas-y que je te monte une cabane face à la mer, un labo pour les espèces venant des profondeurs de la mer, un labo pour tout le reste, des dortoirs, un restaurant…

— Je m'en souviens, on l'avait baptisé *Le Bar des Fous* !

— Les « fous », précise la sterne, bien sûr parce qu'ils étaient eux-mêmes barges. Mais surtout en l'honneur de la colonie d'oiseaux nommés « les fous masqués ». La plus grande au monde. Ils se partagent l'île avec les crabes rouges, tu t'en souviens, Elliot ?

— Si je m'en souviens ? Tu veux connaître mon premier contact avec l'un d'eux ? Il m'a pincé le doigt si fort que l'ongle a éclaté !

— Ah ! quand même ! s'exclame Anyu.

— Les scientifiques avaient des ordinateurs, je suppose ? se renseigne le chaman.

— Bien sûr !

— D'où provenait l'électricité pour les faire fonctionner ?

— On avait deux éoliennes et quatre-vingts panneaux solaires, se souvient Elliot. Il aurait été dommage de ne pas se servir du vent et du soleil, dont nous jouissions en grande abondance. Nous étions des Robinson Crusoé modernes, tout de même !

La sterne prend son envol pour se poser en hauteur, afin que sa voix porte mieux.

— L'expédition a commencé par une immense frayeur. Alors qu'ils venaient de fêter Noël, la première information qu'ils reçurent de la part du monde civilisé fut qu'un tsunami monstrueux venait de faire des ravages en Asie, et que l'onde de choc touchait petit à petit tous les rivages de tous les océans…

CARTE DE CLIPPERTON

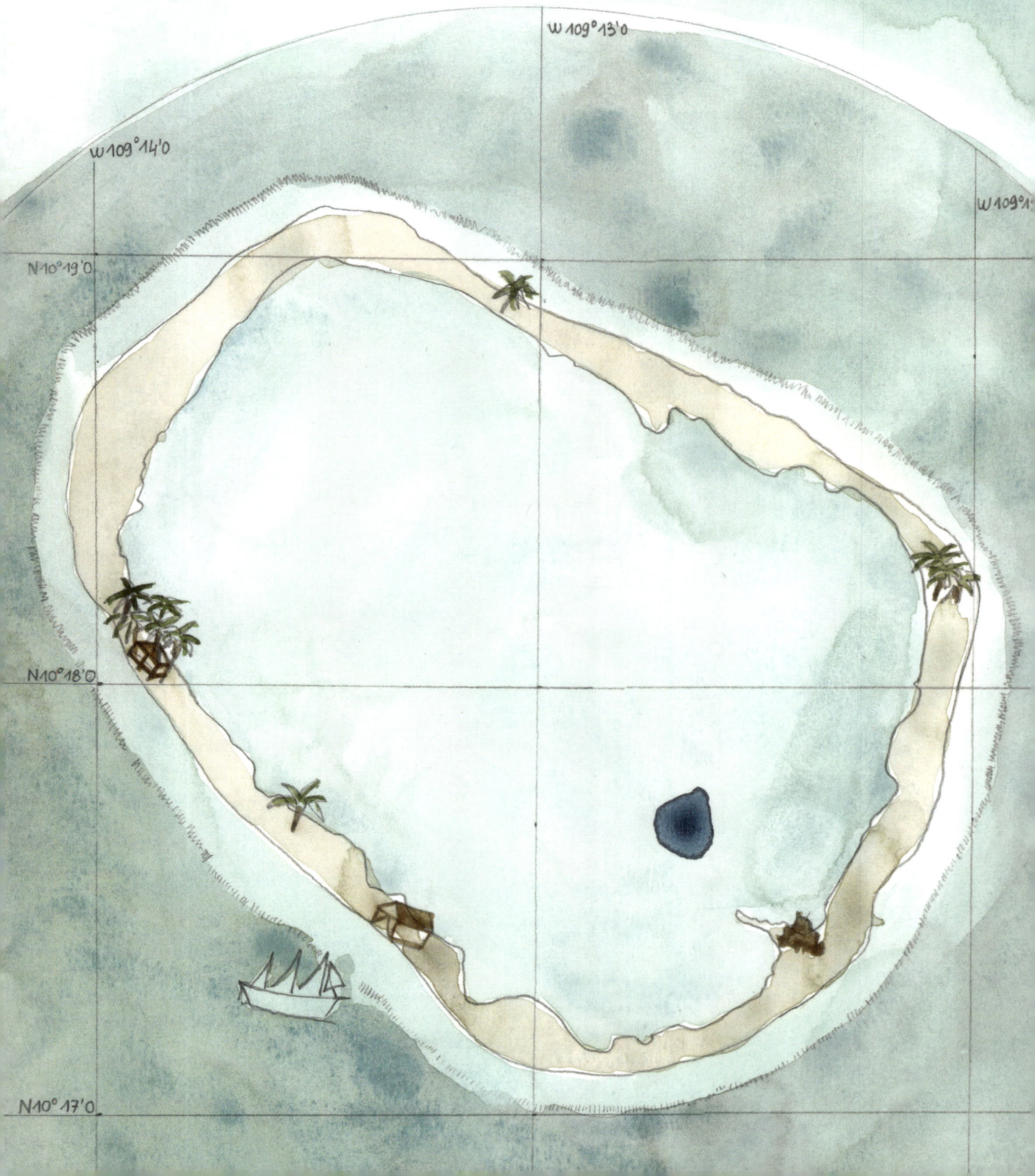

N
NW
NE
W
E
SW
SE
S
MEXIQUE
ACAPULCO
1280 Km
2390 Km

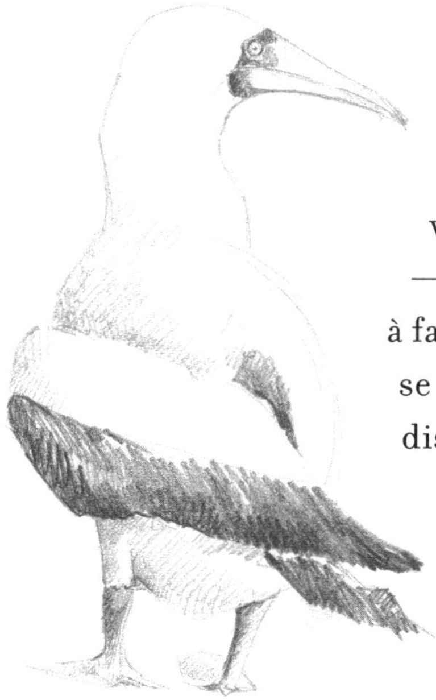

Un silence de plomb s'ensuit. Les enfants inuits ont eu vent eux aussi de la catastrophe.

— Pour l'équipe de Jean-Louis Étienne, il n'y avait plus rien à faire, plus le temps de s'échapper ! Des propositions d'aller se réfugier dans le rocher, vestige de l'ancien volcan, furent discutées, mais tous savaient que si l'onde devait les frapper eux aussi, ils n'en réchapperaient pas. La nuit qui suivit, chacun écoutait les vagues, pressentant à chaque emballement de la houle un désastre imminent. Le matin, comme rien ne s'était passé, ils prirent des nouvelles du monde… Ils surent ainsi que l'onde les avait bien traversés. Elle s'était même propagée jusqu'à Acapulco, à seulement trois jours de mer.

— Pourquoi n'ont-ils donc rien senti, alors ? s'étonne Cicuq.

— Parce que l'onde est amplifiée sur les côtes en pente. Or, Clipperton est au sommet d'un volcan : donc, pas de pente douce menant jusqu'à ses terres émergeantes. Ils ont eu beaucoup de chance !

Les enfants restent un moment sous le choc. Le chaman, impassible, mâchouille une petite brioche.

— Dis donc la sterne, lance-t-il entre deux bouchées. Avec toute cette eau autour d'eux, ils ont bien dû faire de la plongée, tes scientifiques ?

— Ne m'en parle pas ! Ridicules, en combinaison de plongée ! Et quelle démarche ! Imagine un canard bleu électrique efflanqué qui entre dans l'eau, mais qui ne sait pas flotter. Trêve de plaisanterie : ils ont fait un gros travail de prélèvements. Chaque jour, ils partaient et revenaient les paniers pleins de crustacés en tout genre. Tiens, par exemple, connaissez-vous le polychète ?

— Qu'est-ce que c'est ? questionne Anyu.

— Un ver avec des écailles ! Si, ça existe ! Je n'avais jamais entendu parler de ça avant ! Enfin, tout y passait : les poissons, les murènes, les éponges, les algues… Mais ce qui les a le plus amusés, c'est lorsque le médecin a remonté le couvercle d'un coffre !

— Un trésor ! s'exclament les enfants captivés.

— Ils ne parlaient plus que de trésor et d'épaves ! À rester loin de la civilisation durant des mois, ils n'avaient plus toute leur tête. Mais comme ils étaient quand même adultes, ils l'ont joué rationnels. Ils ont envoyé le coffre au Mexique pour le faire examiner et dater. Ils se sont mis à spéculer sur la date, sur l'épave à laquelle il devait appartenir… Des enfants, je te dis ! En plus, avec toutes ces histoires autour de Clipperton…

— Quelles histoires ?

La sterne prend une voix mystérieuse :

— Les histoires de pirate ! Clipperton est le nom d'un pirate. Il paraît qu'il aurait caché son trésor sur l'île et qu'à ce jour il n'aurait toujours pas été retrouvé…

— Génial ! explose Cicuq.

— Mon pauvre, avec tous les cyclones qui ratissent Clipperton chaque année, le trésor, ça fait belle lurette qu'il s'est fait la malle ! Toujours est-il qu'ils ont eu beau plonger et replonger, ils n'ont jamais rien trouvé.

— Bon, d'accord, se résigne Cicuq.

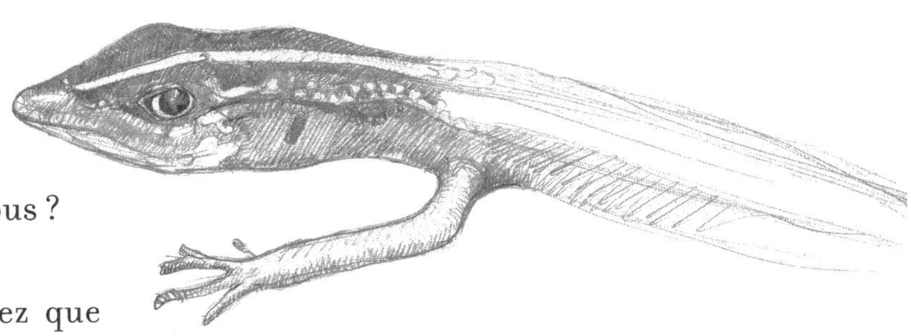

— Est-ce qu'il y avait d'autres oiseaux que des sternes et des fous ? s'intéresse Anyu.

— Ça, oui ! Tout d'abord, sachez que trois espèces de fous peuplent l'île : le fou masqué, tout blanc avec une sorte de masque noir autour des yeux et le bout des ailes noir ; le fou brun, très élégant avec ses pattes et son bec bleus ; enfin, le fou à pattes rouges, aux diverses couleurs de plumage, mais qui, comme son nom l'indique, a les pattes rouges. Ceux-là cohabitaient à peu près pacifiquement. En fait, les bagarres éclataient sans cesse avec les frégates. Vous savez ? Ces oiseaux magnifiques au plumes d'un noir de geai où, en s'approchant, on distingue des reflets moirés verts.

— Si je peux me permettre, ajoute Elliot, il a aussi un bec crochu et des ailes d'une envergure exceptionnelle !

— Bien observé ! Eh bien les frégates, qui ne sont pas des oiseaux marins...

— Un oiseau, c'est pas marin, c'est aérien ! objecte Cicuq.

— Gros malin ! Un oiseau marin sait chasser sa nourriture dans la mer, or la frégate ne peut pas se mouiller. Ses plumes ne sont pas imperméables. Si elle prend l'eau, elle s'alourdit et c'est foutu ! Alors que les fous font des plongeons phénoménaux pour traquer les petits poissons. Du coup, cette fainéante de frégate s'attaquait aux fous qui revenaient nourrir leurs petits et les faisait régurgiter !

— Pouah ! se scandalisent les enfants.

— Ça vous paraît dégoûtant, mais là n'est pas le plus grave ! Ces pauvres fous peinaient déjà à nourrir leurs bébés. L'île n'étant pas habitée, personne ne met de limite aux pêcheurs, et d'énormes bateaux se relaient pour ratisser, avec leurs immenses filets, le poisson aux alentours de Clipperton. Si bien que les pauvres parents fous sont contraints de partir de plus en plus loin pour trouver la nourriture de leur progéniture !

— Je m'en souviens très bien, dit Elliot. Beaucoup de petits bébés fous mourraient de faim ou d'insolation parce qu'ils étaient abandonnés trop longtemps. Les crabes se précipitaient pour les dévorer... C'était vraiment un spectacle très triste !

Il est rare qu'Elliot livre ses sentiments, aussi le chaman le

regarde-t-il avec curiosité.

— Moi, ce qui m'intéresse, c'est ce qu'ont découvert les chercheurs sur terre ! déclare Anyu.

— Et tu as bien raison. Figure-toi qu'une bestiole, n'existant nulle par ailleurs, a été découverte durant cette expédition : un lézard. Ce qui le rend unique, c'est d'être un vampire. Au lieu de manger des plantes, le bougre mange des tiques, elles-mêmes gorgées du sang des oiseaux.

— Le scientifique qui les étudiait, ajoute Elliot, m'avait expliqué que leurs lointains ancêtres venaient de Polynésie. Ils avaient dû être amenés là par un cyclone. Clipperton étant bien moins luxuriante, ils ne trouvaient pas leur nourriture habituelle. Ils avaient survécu en dévorant les tiques, et s'y étaient habitués.

— Tu oublies le gecko, son cousin ! s'indigne Ulysse. J'adore sa défense : il a la particularité de perdre sa peau lorsque tu le tiens entre tes deux doigts. Rien de mieux pour échapper aux becs goulus des oiseaux !

— Tu ne nous as pas parlé du « trou sans fond » qui se trouve dans le lagon intérieur, susurre Ulysse.

— Très juste ! C'est un des mystères de cette île. Un trou, dont on n'a pas réussi à déterminer la profondeur, s'est formé à l'intérieur de l'atoll. Il a bien sûr un fond, mais, du fait de la densité de vase et d'algues à différents niveaux, il est difficile de l'explorer. De plus, un regrettable petit cadeau attend les plongeurs qui s'y risquent… Le trou est en fait un puits d'acide ! Plus les plongeurs descendent, plus l'acidité augmente. Votre père avait pourtant envoyé ses meilleurs plongeurs, mais ils n'ont rien pu faire contre cette attaque.

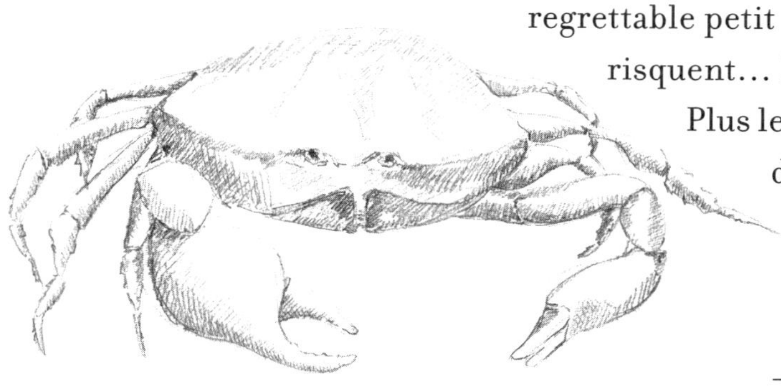

— Je me souviens que, lorsqu'ils

sont remontés, le métal des bouteilles de plongée était complètement attaqué par l'acide, ajoute Elliot. Les visages des plongeurs étaient brûlés, et pour ceux dont les masques avaient fui, des douleurs abominables aux yeux les ont empêchés de voir durant vingt-quatre heures. Mon père était très inquiet !

Descendant de son perchoir, la sterne arctique vient se poser juste devant Ulysse.

— Tu sais ce qui nous a plu, à nous, les animaux ? demande-t-elle.

— Non !

— Te voir grandir ! Te voir attraper les plus gros crabes comme s'ils étaient de vulgaires hochets… Et surtout te voir faire tes premiers pas !

Ulysse, ému, attire l'oiseau délicat dans ses bras.

— Sais-tu ce qu'est devenu Pouick-Pouick ? se renseigne Elliot. Tu sais, le bébé fou orphelin qui était devenu notre mascotte…

La sterne hésite, ne semblant pas se souvenir.

— Je pensais que tu me demanderais des nouvelles de Basile, ton crabe.

— Ingrat ! lance une voix fluette.

Au pied du canapé, un petit crabe rouge fixe Elliot, furieux.

— Tu devrais te méfier, il est rouge de colère ! murmure Anyu.

— Non, c'est sa couleur normale ! réplique Elliot.

Elliot, la larme à l'œil, s'accroupit pour inspecter son vieux compère de plus près. Il en avait passé des moments à découvrir l'île avec lui ! Grâce à Basile, Clipperton n'avait plus de secret pour lui.

— Je vais t'en donner moi, des nouvelles de Pouick-Pouick, reprend le crabe. Lorsque vous avez rembarqué tout votre fatras dans votre beau voilier, nous l'avons dévoré, voilà ce qu'il est devenu !

— Basile ! s'indigne Elliot.

— Je blague ! le rassure le crabe. Il est parti fonder une famille ailleurs.

Elliot présente son ami au reste de la petite troupe. Comme à son habitude, Basile a mille histoires à raconter. Et il est fort tard lorsque les enfants glissent aux pays des songes…

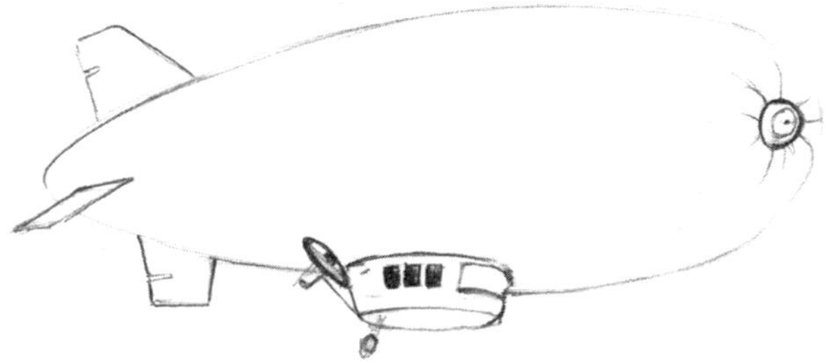

CHAPITRE XI

SURVOLER LE PÔLE NORD

Où un ange des mers parle d'un oiseau électromagnétique, où l'on plonge sous la banquise pour y découvrir des merveilles, et où l'ours délivre une nouvelle qui n'apporte pas que de la joie.

Les enfants doivent retrouver Qilaq, le chaman, à une anfractuosité de la banquise, non loin de son igloo.

Ulysse et Cicuq marchent en tête depuis un bon moment, lorsque Anyu s'exclame :

— Je crois que nous y sommes !

Un ours, aplati devant un chenal d'eau libre, leur lance un rapide coup d'œil, avant de concentrer de nouveau son regard sur l'eau noire qui fume entre les plaques de glace.

— Qilaq est sous l'eau depuis une bonne dizaine de minutes, marmonne l'ours. Je ne sais pas très bien ce qu'il fabrique !

Ulysse manque de s'étrangler.

— Et moi qui ne le croyais pas ! Il m'a promis qu'il testerait ma montre sous l'eau avant que nous retrouvions notre père !

— Je doute que ce soit la raison de son incursion sous-marine, Ulysse !

F.WPOL

rectifie Elliot. L'ours est un esprit. Je doute qu'il soit venu juste pour nous tenir compagnie. Autrement dit, nous allons assister au récit de la dernière expédition.

— On ne peut rien te cacher fiston ! dit le chaman en faisant son apparition, dégoulinant d'eau glacée.

Qilaq s'extirpe tant bien que mal du trou sombre avec, dans la main, un drôle de petit animal marin. Les enfants se précipitent. Un petit corps gélatineux et transparent se meut gracieusement dans le peu d'eau que contient la paume du chaman. On devine les organes qui animent cet être singulier.

— Bonjour, les amis. Je suis un ange de mer…

Les enfants doivent tendre l'oreille, tant la voix de l'ange de mer est ténue.

— J'ai croisé votre père et son équipe l'année dernière, commence-t-il. Ou était-ce il y a deux ans ? Si j'ai bien compris, ses équipiers et lui étaient venus au pôle Nord pour calibrer un appareil de mesure : l'EM-Bird, capable de mesurer l'épaisseur de la banquise.

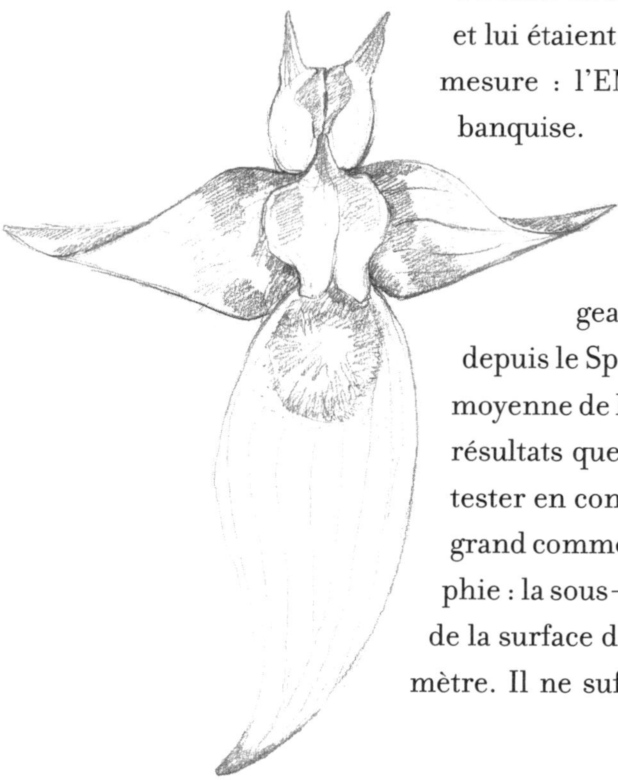

— Comment ça ? s'intéresse Anyu.

— L'EM-Bird, ou oiseau électromagnétique, devait être accroché sous le ventre d'un dirigeable, précise Elliot. Il devait traverser l'Arctique depuis le Spitzberg jusqu'en Alaska afin d'obtenir une valeur moyenne de l'épaisseur de la banquise. Mais pour être sûr des résultats que produirait la machine, notre père a souhaité la tester en conditions, sur la banquise. Il a délimité un champ grand comme un terrain de foot dont il a fallu faire la topographie : la sous-marine grâce à un sous-marin téléguidé, et celle de la surface de la banquise à l'aide d'outils classiques de géomètre. Il ne suffisait plus alors que de faire passer l'EM-Bird

au-dessus de ce champ et de comparer les deux résultats.

La curiosité d'Anyu n'est pas rassasiée : elle veut maintenant savoir si l'EM-Bird était bien réglé.

— Il sous-estimait un peu l'épaisseur de la banquise, répond Elliot. Mais, une fois cette marge d'erreur connue, il ne nous suffisait plus qu'à la prendre en compte au moment de la traversée, l'année suivante.

— C'est lors des plongées sous la glace que je les ai croisés, intervient timidement l'ange de mer. Et croyez-moi, des plongeurs sous la banquise, à une eau avoisinant les - 2 °C, je n'en vois pas souvent !

— Raconte-nous comment c'est sous la glace ! supplie Ulysse.

— C'est un monde silencieux et froid…

Qilaq le chaman referme sa main, coupant la parole à l'ange de mer.

— Je me doutais que tu serais intéressé, dit-il à Ulysse. Et j'ai justement prévu une petite plongée pour toi. Allez, enfile ta combinaison !

Après quelques gesticulations pour entrer dans le latex ajusté de la combinaison de plongée, Ulysse se cabre pour endosser les lourdes bouteilles d'oxygène et se glisse dans l'eau glacée. Avec les - 30 °C ambiants, le trou du phoque, par lequel le chaman est sorti quelques minutes plus tôt, est maintenant recouvert d'une soupe épaisse, pleine de grumeaux blanchâtres : de la glace tente de se former à la surface. Ulysse, bien que très impressionné, plonge à la suite du chaman dans les profondeurs glacées de l'océan Arctique. Quelques instants lui sont nécessaires pour s'habituer à l'obscurité qui règne sous la face cachée de la banquise. Puis un monde féerique s'ouvre devant lui, dans lequel le chaman et l'ange de mer évoluent selon une chorégraphie lente et irréelle.

La beauté est partout. Sur sa droite, une sculpture de glace descend en miroir, pile sous la crête de compression qu'Ulysse avait repérée en surface. Il suit l'ange de mer qui semble vouloir l'attirer quelque part…

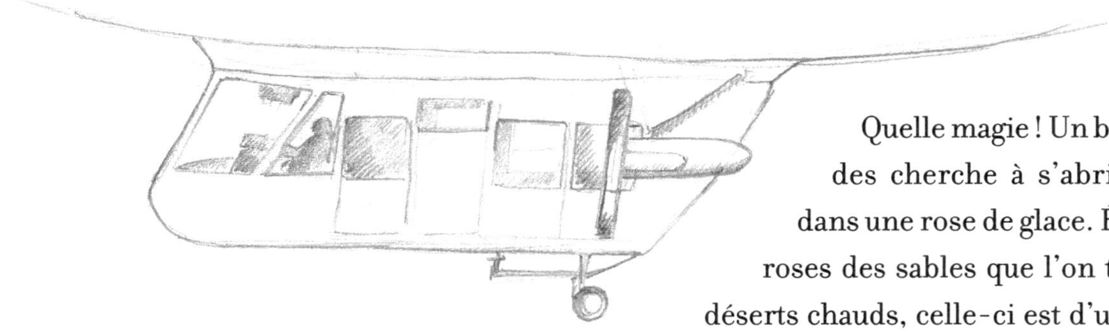

Quelle magie ! Un banc de copépodes cherche à s'abriter des intrus dans une rose de glace. Équivalente des roses des sables que l'on trouve dans les déserts chauds, celle-ci est d'une splendeur à couper le souffle : une touffe de cristaux démesurés s'épanouit sous la banquise comme un hérisson géant. Et par là ! Un champ de concrétions de glace… S'il se souvient bien, ces structures, extrêmement fragiles, se forment par la migration du sel à travers la banquise.

Soudain, au son de sa respiration qui se brise, Ulysse comprend que quelque chose cloche. Il fait signe au chaman qu'il est obligé de remonter à la surface. Pas besoin de faire de palier : leur aventure a été courte et peu profonde. Mais la respiration du garçon se bloque maintenant tout à fait, il est grand temps de refaire surface !

— Ouf ! crie Ulysse, en se débarrassant de son détendeur.

— Mais il est complètement bouché ! gronde l'ours.

— Pas de panique ! tempère Elliot. Je vous rappelle que la température est à presque - 2 °C. Avec des températures si basses, même sous l'eau de mer, il arrive que l'humidité contenue dans la respiration, forme un glaçon sur l'embouchure du détendeur, ce qui empêche évidemment de respirer correctement.

— Merci pour tes explications, frérot ! Mais là, j'ai plutôt besoin de bras costauds pour m'extirper de ce marasme glacé…

Il faut maintenant délivrer Ulysse et le chaman de leur seconde peau qui se rigidifie à une vitesse phénoménale. Tous s'y mettent, y compris l'ours — et ce n'est pas du luxe !

Malmené par les uns et les autres, Ulysse donne néanmoins d'innombrables détails sur sa plongée :

— Heureusement que, sous ce genre de combinaison de plongée, on peut garder nos vêtements chauds ! constate-t-il, radieux.

Qilaq ne perd pas le nord pour autant.

— Tu parlais tout à l'heure d'un dirigeable, dit-il à Elliot. S'en est-il servi pour cet étalonnage ?

— Non, la construction n'était pas terminée.

Le garçon se plonge avec émotion dans ses souvenirs :

— Ah ! le dirigeable... Quelle merveille ! Une fois construit, nous avons pu voler dedans. C'était une énorme machine à la Jules Verne. Imaginez un peu, une gigantesque baleine flottante de cinquante-cinq mètres de longueur, pleine d'hélium...

— Il me semblait que les dirigeables étaient gonflés à l'hydrogène ? s'étonne Qilaq.

— Oui, confirme Elliot. Mais c'était avant le terrible accident de l'Hindenburg en 1937.

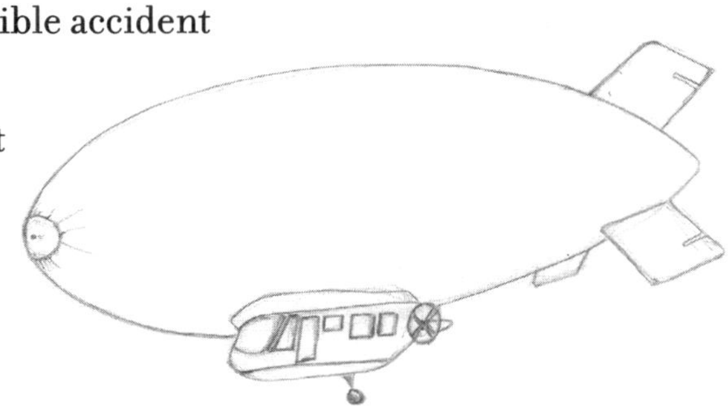

— Ton père voulait-il prendre sa revanche, et traverser ces contrées qui l'ont tant éprouvé, de façon plus confortable ? suggère Qilaq.

Les enfants rigolent de bon cœur.

Elliot se rembrunit.

— En tout cas, l'expédition n'a jamais pu avoir lieu.

— Quel dommage ! s'indigne Cicuq. Pourquoi ?

— C'est à n'y rien comprendre... Figurez-vous que lors des entraînements en France, une tempête, tout à fait inhabituelle sous nos latitudes, a terrassé le dirigeable, seulement quelques semaines avant le départ de l'expédition !

— Mais si vous êtes là, c'est que votre père n'a pas baissé les bras. Pas vrai, les gars ? plaisante le chaman.

— On ne peut vraiment rien te cacher, cher Qilaq ! s'amuse Ulysse. Il est en repérage pour sa future traversée du pôle Nord, en solitaire. Il est prévu qu'elle se fasse à bord d'une rosière.

Devant l'air perdu d'Anyu, Elliot s'empresse de préciser :

— Il s'agit d'un ballon hybride, une sorte de montgolfière, avec, à l'intérieur, une poche d'hélium. Ce gaz étant plus léger que l'air, il assure la portance de la nacelle et permet de moins dépendre du gaz qui chauffe normalement l'air dans une montgolfière classique…

Sans le laisser poursuivre son développement, l'ours prend la parole :

— Si je suis là aujourd'hui, c'est que… j'ai retrouvé votre père !

— Hourra ! hurlent les enfants, dont le froid mordant n'a pas entamé l'enthousiasme.

— Où est-il ? s'inquiète Elliot.

— À deux jours de marche d'ici. Vous préparez vos affaires, et nous partons demain matin à l'aube.

Sur ces mots, l'ours disparaît, laissant les enfants incrédules. Voilà, l'annonce est tombée, sans prévenir : ils vont se quitter, comme ça. Pour couronner le tout, le chaman leur explique que seuls Elliot et Ulysse pourront suivre l'ours. Le désarroi marque les petits visages.

— Ne vous laissez pas abattre ! les encourage Qilaq. Les garçons vont avoir besoin de prendre des forces pour la marche difficile qui les attend. Mais une petite fête de départ sera la bienvenue, non ? Soirée costumée avec pour thème : les animaux des pôles ! Allez, soyez créatifs et laissez tomber vos masques de tristesse…

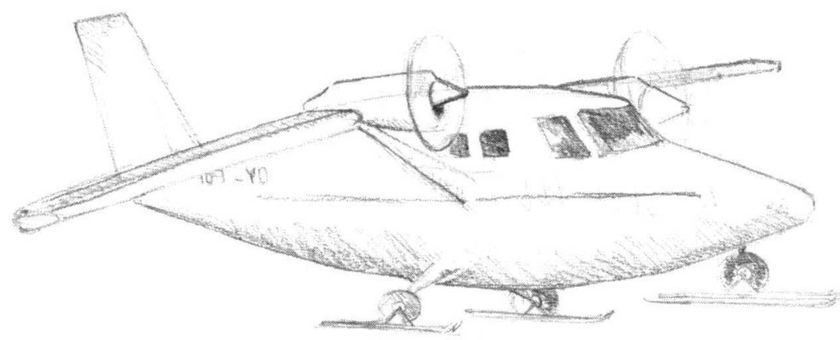

CHAPITRE XII

UN PAPA SUR LA BANQUISE

Où l'ours sert de guide aux deux frères,
où il est question d'orteils et de bout du nez gelés,
et où la folle équipée se termine dans les rires.

Pour leur randonnée de deux jours, en dépit des protestations d'Ulysse, Anyu a imposé aux garçons une préparation digne d'une véritable expédition.

Après s'être promis de garder le contact via Internet, Elliot et Ulysse quittent leurs nouveaux amis inuits. Les voilà maintenant chargés comme des mules, tirant un traîneau, comme leur père une vingtaine d'années auparavant, avec, en plus, des petites brioches encore chaudes plein les poches.

— J'étais sûr que ce serait toi qui nous guiderais ! dit Ulysse tout excité à l'ours.

— Économise ta salive fiston, on n'est pas rendus !

Elliot et Ulysse fournissent de gros efforts pour suivre l'ours dans le dédale de blocs de glace que forme la banquise accidentée. Mais dans

son ensemble, la première journée de marche se passe sans encombre. Le ciel est d'un bleu profond, et un vent au ras du sol soulève la poussière de glace, donnant l'illusion que de la fumée se dégage de ce sol pourtant gelé.

— Je ne sens plus mes doigts de pied ! maugrée Elliot.

— Moi, c'est mon nez qui me turlupine ! répond Ulysse.

Une ministalactite pend de l'épais passe-montagne, à l'emplacement des narines.

— Je vois les garçons, glousse l'ours. Une pause s'impose !

— Mais il n'est que seize heures ! proteste Elliot.

— Une heure de plus, et vous n'aurez plus le courage de monter la tente, croyez-moi !

En effet, Ulysse, à peine assis sur le traîneau, semble déjà s'assoupir.

— Typique ! commente l'ours. J'en ai vu des gars qui, à bout de fatigue, s'arrêtaient un instant, ne se sentaient pas partir, s'endormaient... pour ne plus jamais se réveiller.

Elliot réfléchit avant de répondre :

— J'ai lu ça quelque part. Le corps se ralentit avec le froid, jusqu'à s'arrêter complètement. Note bien que ce n'est pas douloureux !

— Non, mais ça ne va pas ! s'écrie Ulysse en bondissant pour décharger la tente. Je suis encore vivant !

Pendant le repas du soir, Elliot ne résiste pas à l'envie de vérifier l'état de ses orteils si douloureux. Il trouve le petit orteil du pied droit en piteux état. Tout occupés à soigner Elliot, les deux frères n'entendent pas le vent se lever...

Au petit matin, lorsque l'ours gratte la tente pour les réveiller, un blizzard de tous les diables sévit au dehors.

— Bon, on est dans la panade ! s'alarme Elliot.

— Il ne faut pas exagérer, avec tout ce qu'Anyu nous a donné comme réserves, on n'est pas prêts de mourir de faim ! tempère Ulysse.

— Elliot a raison, grogne l'ours. Je ne peux rester à vos côtés que jusqu'à ce soir, après quoi je disparaîtrai…

—Alors, pas de temps à perdre ! s'écrit Ulysse en rangeant les duvets. Nous y arriverons !

— Soyons clairs : si nous n'arrivons pas avant ce soir ou que vous me perdez de vue, vous devrez toujours vous diriger vers l'est. Compris ?

Les deux frères se regardent et accélèrent le mouvement : on allait voir ce qu'on allait voir !

Heureusement, le vent vient du sud, et donc de côté, ce qui ralentit moins leur progression que s'ils l'avaient de face. Reliés par une longue corde, pas question de s'écarter d'un iota de la trace que l'ours laisse devant eux.

Pourtant, par moments, les bourrasques de vent sont telles qu'ils doivent se plier en deux pour ne pas succomber ou s'affaisser : difficile alors de ne pas déraper. Marcher dans ce vent furieux est un cauchemar. Si le chaman avait projeté de leur faire passer un rituel initiatique, il ne s'y serait pas pris autrement.

Les garçons sont à bout de force, la corde autour de leur taille les blesse, leurs yeux brûlent, ils ne sentent plus leurs pieds… Quand soudain un halo, tacheté de gros flocons de neige, apparaît dans le ciel. Ils reprennent péniblement leur marche, mais très vite la tempête s'intensifie furieusement. Ils ne voient plus à un mètre… Et voilà que, tout à coup, les contours de l'ours disparaissent dans un tourbillon de neige.

Abasourdi, Elliot tire sur la corde. Aucune résistance, il n'y a plus d'ours à l'autre extrémité, plus personne pour leur montrer le chemin.

— Arrêtons-nous ! crie-t-il à son frère. Inutile de se précipiter maintenant.

— Nous n'aurons pas la force de monter la tente, mettons-nous à l'abri de cette congère de glace ! hurle Ulysse, en retour.

Ils se blottissent l'un contre l'autre. Comme le Japonais dans l'expédition Transantarctica, ils laissent la neige s'accumuler autour d'eux. Par des petits mouvements réguliers, ils réussissent à maintenir les parois glacées loin de leurs corps, formant ainsi un igloo sur mesure. Puis une longue attente commence…

— Qu'est-ce que tu fais, Ulysse ? s'impatiente Elliot.

— Je ne me laisse pas abattre ! Je mange du chocolat mélangé à de la graisse de caribou.

— Mais c'est ignoble ! Et cette odeur… Pouah ! fait Elliot, totalement écœuré.

— Mon pote, on verra bien qui de nous deux tiendra mieux le coup !

Satisfait, Ulysse fait mine de fermer les yeux. Elliot, de son côté, préfère garder sa vigilance opérationnelle, espérant encore voir réapparaître l'ours…

Lorsque le vent s'apaise enfin, ils devinent au loin un camp de tentes orange, d'autant plus perceptibles qu'elles sont, pour la plupart, éclairées de l'intérieur. La beauté de ces lueurs rouges participe au sentiment qu'Elliot et Ulysse éprouvent subitement : ils ont enfin atteint le Nirvana.

Ivres de fatigue et fous de joie tout à la fois, les deux garçons rassemblent tout ce qu'il leur reste d'énergie pour franchir les derniers mètres et s'aplatir telles des bêtes féroces contre la première tente…

Sam et Ghislain, les deux équipiers complices de leur escapade, n'ont pas donné l'alerte, pensant sans doute que ces deux petits débrouillards arriveraient toujours à s'en sortir. Mais, ils n'auraient jamais cru que deux enfants de dix et douze ans auraient le cran de s'aventurer seuls dans les grands espaces glacés.

Jean-Louis Étienne, de son côté, ne sait toujours pas que ses deux fils sont à sa recherche non loin du cercle polaire. Aussi, tombe-t-il littéralement à la renverse lorsqu'il les voit débouler, à bout de fatigue, dans sa tente.

— Tu as toujours eu beaucoup trop d'imagination, Ulysse ! s'amuse Jean-Louis Étienne. Tu n'as pourtant plus vraiment l'âge de croire aux contes de fées !

Tout à la joie d'avoir retrouvé leur père, Elliot et Ulysse abandonnent vite l'idée d'expliquer plus en détail comment l'esprit de l'ours les a conduits jusque-là. Et après tout, le mystère qui entoure leur arrivée est bien plus savoureux comme ça : ils ont gagné le respect de l'équipe, et la fierté qu'ils lisent dans les yeux de leur père est irremplaçable.

Probablement, Jean-Louis Étienne ne partira plus sans ses deux nouveaux équipiers de choc.

GLOSSAIRE

Atoll

Îlot tropical, produit par l'activité volcanique et entouré d'une barrière de corail. Les coraux sont des organismes vivants qui bâtissent eux-mêmes ces « forteresses » qui arrêtent la houle du large. Le lagon est l'eau calme et turquoise entre la barrière de corail et la côte. Les récifs coralliens abritent de très nombreuses espèces marines. Ils sont menacés par l'élévation de la température et du niveau de la mer, la pollution et les tsunamis.

Baleine

Ce grand mammifère marin appartient à la famille des cétacés. En hiver, les baleines font leurs petits dans les eaux chaudes de la mer des Caraïbes, puis migrent jusqu'en Arctique : 9 500 kilomètres ! Des lois internationales limitent la chasse à la baleine, mais elles ne sont pas toujours respectées.

Banquise

Cette étendue de mer gelée peut atteindre une épaisseur de deux mètres. Une partie de la banquise ne fond jamais. Mais, avec le réchauffement climatique, sa superficie a commencé à diminuer. Or, plus la banquise fond, plus la température monte. Cela représente un grave danger pour toute la planète.

Blizzard

Ce vent violent et glacial, particulier aux régions polaires, s'accompagne de tourmentes de neige. C'est le cauchemar des explorateurs. Dans le blizzard, on est aveuglé par la neige qui pique les yeux, on perd la visibilité et on s'égare très vite. Les jours de blizzard, il est recommandé de ne pas sortir.

Chaman

Ce sage, auquel on prête des pouvoirs particuliers, est l'intermédiaire entre les humains et les esprits de la nature. Très respecté, il tient une place primordiale dans la communauté : il conseille, il soigne, il enseigne, il dirige les cérémonies... Le mot vient de Sibérie. Le chamanisme se pratique aussi chez les Inuits, les Mongols, les Indiens d'Amérique du Nord et d'Amazonie, en Afrique, en Asie... pratiquement partout dans le monde !

Chien de traîneau

Il existe cinq races de chiens nordiques : le husky de Sibérie et l'alaskan sont des chiens rapides adaptés à la course ; le groenlandais, le malamute d'Alaska et le samoyède sont des chiens endurants, capables de tirer des traîneaux lourdement chargés sur de grandes distances. Ces chiens vivent toujours dehors, même en hiver ; leur fourrure épaisse les protège du froid.

Couche d'ozone

L'ozone est un gaz rare, situé très haut dans l'atmosphère. Il arrête certains rayons toxiques du soleil. Les observations faites en Antarctique et en Arctique montrent un « trou » dans cette couche d'ozone qui peut avoir de graves conséquences sur la santé humaine, animale et végétale. Il est dû à la pollution par certains gaz réfrigérants, qui sont maintenant interdits.

Courants marins

Ce sont des déplacements d'eau de mer, provoqués par les vents en surface, par les variations de température et de salinité de l'eau en profondeur. Ils circulent de façon régulière. Ils jouent un rôle essentiel sur l'équilibre du climat à la surface de la Terre.

Écosystème

Dans la nature, tous les êtres vivants ont un rôle à jouer. Animaux et végétaux, du plus petit au plus grand, dépendent les uns des autres. L'ensemble constitue une communauté qu'on appelle « écosystème ». Si on détruit un élément de cet écosystème, l'ensemble en subit les conséquences ; l'équilibre écologique est menacé.

Inuit

Refusant qu'on les appelle « Eskimo », qui signifie « mangeur de viande crue », les peuples de l'Arctique se sont donné le nom d'Inuit, « les gens ». Nomades, ils vivaient de chasse et de pêche... jusqu'à l'arrivée des Européens et des Américains, qui leur ont imposé leur religion, leur culture, leur mode de vie. Mais certains ont résisté et, peu à peu, récupèrent les terres de leurs ancêtres.

Nuit polaire

Au-delà des cercles polaires Nord et Sud, le soleil ne se lève pas durant une période de l'année. Plus on s'approche des pôles, plus cette période est longue : jusqu'à six mois. En compensation, il fait jour tout le temps les autres six mois !

Oiseaux marins

Il existe 275 espèces d'oiseaux marins répartis en 8 familles. Beaucoup sont migrateurs. La plupart vivent en colonie. Certains, comme l'albatros, passent leur vie en mer et reviennent à terre uniquement pour se reproduire. On les observe attentivement, car leur population et leur comportement donnent des indications sur l'environnement, la pêche excessive et le réchauffement des océans, qui diminuent leurs réserves de nourriture.

Ours polaire

L'ours blanc est le plus grand des mammifères carnivores. Il vit et chasse sur la banquise. Sa survie est donc menacée par le réchauffement climatique, ainsi que par la pollution des mers.

Panneaux solaires

Ces dispositifs servent à récupérer une partie de l'énergie du rayonnement solaire, pour les convertir en électricité (panneaux photovoltaïques) ou en chaleur (chauffe-eau solaire). Cette énergie est dite renouvelable car elle est produite par le soleil. Elle permet de diminuer la consommation de gaz, pétrole et charbon, et donc de participer à la lutte contre le réchauffement climatique.

Phoque

Son nom vient du grec et signifie « veau marin ». On compte 18 espèces, dont l'éléphant de mer. Le petit phoque est appelé « blanchon ». Comme l'ours polaire, la fonte de la banquise le met en danger. La chasse au phoque, une activité traditionnelle pour les Inuits, est aujourd'hui réglementée et surveillée.

Pôles géographiques

Les deux pôles géographiques Nord et Sud sont deux points de la surface du globe, situés aux deux extrémités de l'axe de rotation de la Terre.

Pôle magnétique

Les mouvements du noyau métallique situé dans les couches profondes de la Terre provoquent ce qu'on appelle le champ magnétique. Ce sont des forces comparables à celles qui entourent les deux pôles d'un aimant. Notre planète a aussi ses deux pôles magnétiques. L'aiguille aimantée de la boussole indique la direction du pôle Nord magnétique, qui n'est pas tout à fait situé au même endroit que le pôle Nord géographique.

Renne

On l'appelle aussi caribou. Ces cervidés du Grand Nord vivent en troupeaux et se déplacent au fil des saisons, à la recherche de nourriture. Ils ont été domestiqués pour tirer les traîneaux, et fournir viande et fourrure.
Ils ne sont pas menacés, mais, au Groenland, les changements climatiques ont déjà fait augmenter la mortalité des bébés caribous. Le réchauffement climatique a avancé la date de la croissance des plantes dont ils se nourrissent, qui ne correspond plus, aujourd'hui, à celle de la naissance des petits.

Thulé

La chienne de l'histoire porte le nom d'une communauté inuit arrivée au Groenland et au Canada vers l'an 1000. Ces chasseurs de baleines fondèrent une civilisation très forte. Mais, à partir du XVIIe siècle, l'arrivée des Européens les obligèrent à s'éparpiller et à modifier leur mode de vie.

Volcan

On compte environ 1 500 volcans terrestres actifs, mais les volcans sous-marins sont bien plus nombreux ; leur activité permanente est à l'origine de la dérive des continents. En Arctique, l'Islande est une île à forte activité volcanique. En Antarctique, le volcan Erebus est un des rares lacs de lave au monde.

Remerciements :

Je tiens à remercier Jean-Louis Étienne, mon mari, pour sa confiance et sa patience, il en a fallu, pour m'avoir relaté une multitude de détails, en apparence insignifiants, qui m'ont pourtant permis d'écrire ce livre. Fabienne Kriegel qui a cru en ce projet, Nathalie Bailleux, Gaëlle Junius et Émilie Guerrier qui ont mené à bien sa réalisation. Armelle Querré, Coralie Jugan et Emmanuelle Perié pour leur soutien constant.

Elsa Pény-Étienne

Les Éditions du Chêne remercient chaleureusement Sophie de Malartic pour son aide précieuse.

Si vous voulez retrouver Jean-Louis Étienne et en savoir plus sur ses nombreuses expéditions, rendez-vous sur www.jeanlouisetienne.com

Loi n° 49-956 du 16 juillet 1949 sur les publications destinées à la jeunesse
www.editionsduchene.fr

Responsable éditoriale : Nathalie Bailleux
Édition : Émilie Guerrier avec la collaboration de Dominique Foufelle
Conception graphique et réalisation : Gaëlle Junius
Lecture-correction : Alexandra Dambrin
Mise en pages : CGI
Fabrication : Isabelle Hortal assistée d'Olivier Calvet

Photogravure : Quadrilaser
Achevé d'imprimer en France par l'imprimerie Pollina S.A.S - L50888
ISBN : 978-2-81230-087-5
Dépôt légal : septembre 2009
34/2249/0 - 01